ACTE PUBLIC
POUR LE DOCTORAT

PRÉSENTÉ

A LA FACULTÉ DE DROIT DE STRASBOURG

PAR

CHARLES-MARIE PICQUET,

AVOCAT,

de Strasbourg.

STRASBOURG,

TYPOGRAPHIE DE G. SILBERMANN, PLACE SAINT-THOMAS, 3.

1858.

UNIVERSITÉ DE FRANCE.

ACADÉMIE DE STRASBOURG.

ACTE PUBLIC
POUR LE DOCTORAT

PRÉSENTÉ

A LA FACULTÉ DE DROIT DE STRASBOURG,

ET SOUTENU PUBLIQUEMENT

LE VENDREDI 13 AOUT 1858, A MIDI,

PAR

CHARLES-MARIE PICQUET,

AVOCAT,

de Strasbourg.

STRASBOURG,

IMPRIMERIE DE G. SILBERMANN, PLACE SAINT-THOMAS, 3.

1858.

A

MONSIEUR JALENQUES,

CHEVALIER DE L'ORDRE IMPÉRIAL DE LA LÉGION D'HONNEUR,

PROCUREUR IMPÉRIAL A STRASBOURG.

C. M. PICQUET.

FACULTÉ DE DROIT DE STRASBOURG.

MM. AUBRY ❋ . . . . . . doyen et prof. de Droit civil français.
HEPP ❋ . . . . professeur de Droit des gens.
HEIMBURGER . . . . . professeur de Droit romain.
THIERIET ❋ . . . . . professeur de Droit commercial.
SCHÜTZENBERGER ❋ . professeur de Droit administratif.
RAU ❋ . . . . professeur de Droit civil français.
ESCHBACH . . . . . . professeur de Droit civil français.
LAMACHE ❋ . . . . . professeur de Droit romain.
DESTRAIS . . . . . . professeur de procédure civile et de législation criminelle.

BLŒCHEL ❋. . . . . professeur honoraire.

LEDERLIN . . . . . .
MARINIER . . . . . . } professeurs suppléants provisoires.

BÉCOURT, officier de l'Université, secrétaire, agent compt.

MM. DESTRAIS, président de l'acte public.
AUBRY,
HEPP,
HEIMBURGER,
LEDERLIN, } examinateurs.

La Faculté n'entend approuver ni désapprouver les opinions particulières au candidat.

TABLE DES MATIÈRES.

DROIT ROMAIN.

Des Interdits possessoires en général; Des Interdits « Uti possidetis » et « Utrubi » en particulier.

Pages.

Chap. Ier. Des interdits en général 1
Chap. II. De la possession et de la quasi-possession 3
Section 1re. Notions générales sur la possession 3
» 2. De l'acquisition et de la perte de la possession. . 10
» 3. De la *Juris quasi-possessio* 19
Chap. III. Des interdits possessoires 20
Section 1re. Leur origine, leur nature 20
» 2. Classification 24
Chap. IV. Des interdits *retinendæ possessionis* 31
Section 1re. Leurs caractères 31
» 2. De leurs divers usages 33
» 3. Des conditions requises pour leur exercice . . . 37
» 4. De leurs effets 41
Chap. V. Spécialités sur l'interdit *uti possidetis* 44
Section 1re. Des objets auxquels il s'applique 44
» 2. Des personnes qui peuvent l'exercer 49
» 3. Des personnes contre lesquelles on peut l'exercer. 51
Chap. VI. Spécialités sur l'interdit *utrubi*. 52
Chap. VII. De la procédure des interdits *uti possidetis* et *utrubi*. 59
Section 1re. Système formulaire 59
» 2. Procédure extraordinaire 71

DROIT FRANÇAIS.

Des actions possessoires.

Pages.

CHAP. Ier. Notions préliminaires. Utilité des actions possessoires. 74
CHAP. II. Histoire des actions possessoires 80
CHAP. III. De la nature de l'action possessoire, et de de la possession qui est exigée pour l'exercice de cette action . . 118
CHAP, IV. Des différentes subdivisions de l'action possessoire . 135
Section 1re. De la complainte 136
» 2. De la réintégrande 142
» 3. De la dénonciation de nouvel-œuvre 157
CHAP. V. Des conditions requises pour l'exercice de l'action possessoire. De la prescription de cette action 167
CHAP. VI. Des choses et des droits qui peuvent être l'objet de l'action possessoire. 173
Section 1re. Des meubles. 174
» 2. Des immeubles corporels 181
» 3. Des objets incorporels 181
A. Des servitudes personnelles 185
B. Des servitudes réelles 187
C. De quelques droits qui ont de l'analogie avec les servitudes 192
CHAP. VII. Des personnes qui peuvent intenter l'action possessoire 195
CHAP. VIII. Des personnes contre lesquelles on peut intenter l'action possessoire 201
CHAP. IX. De la procédure des actions possessoires 204
Section 1re. De la preuve 205
» 2. Des rapports du possessoire et du pétitoire . . . 214
CHAP. X. Du jugement sur l'action possessoire et de ses effets . 228

PROPOSITIONS 234

DROIT ROMAIN.

Des Interdits possessoires en général ;
Des Interdits UTI POSSIDETIS et UTRUBI en particulier.

CHAPITRE PREMIER.

DES INTERDITS EN GÉNÉRAL.

Dans les contestations qui s'élevaient entre particuliers, le rôle du magistrat romain se bornait en général à examiner si les prétentions des parties étaient fondées en droit; en cas d'affirmative, il rédigeait une formule qui, en instituant le juge, déterminait les points que celui-ci aurait à vérifier et l'étendue des pouvoirs qui lui étaient conférés. Tel était le mode de procéder sous l'empire du système formulaire, lorsque le débat roulait sur un point prévu par la loi ou l'édit. Mais il n'en était pas toujours ainsi, et il pouvait arriver que la prétention des plaideurs ne reposât sur aucune disposition législative, que nulle règle de droit n'eût été violée, et que cependant il y eût urgence de mettre fin à une querelle, d'empêcher des rixes, de prévenir ou de réparer des actes de violence. Alors le préteur, chargé de maintenir la paix publique, au lieu de renvoyer les parties devant un juge, tranchait lui-même la contestation, et prononçait un ordre ou une défense en termes formels et énergiques : *vim fieri veto*, *exhibeas*, *restituas.* Cet ordre, cette défense portaient le nom d'*interdits;* ils étaient destinés à suppléer aux lacunes de la loi, à la remplacer dans les matières de détail qui avaient échappé à la prévision du législateur. Ainsi, l'interdit s'employait pour la protection des lieux sacrés, des tombeaux, des inhumations; pour réglementer l'usage de la mer, des fleuves, des rivages, des voies publiques; enfin, le magistrat intervenait encore de cette façon dans les causes d'intérêt privé pour protéger la possession, source de conflits nombreux et continuels qu'il fallait trancher pour le maintien du bon ordre.

Le premier but de l'interdit était de terminer immédiatement la contestation : *Prætor principaliter auctoritatem suam finiendis controversiis præponit*[1], et ce but était atteint, lorsque ceux auxquels le décret du préteur était intimé consentaient à s'y soumettre immédiatement. Mais ce résultat supposait une docilité qui ne devait pas toujours se rencontrer dans la pratique; souvent sans doute l'ordre du magistrat restait sans effet; alors un procès s'ensuivait, et dans ce procès, qui prenait aussi le nom d'*interdit*, l'examen du juge, devant lequel les parties étaient renvoyées, portait sur le point de savoir, non pas si telle loi ou telle partie de l'édit avait été violée, mais si l'on avait contrevenu au décret du préteur[2]. Ainsi, l'interdit devenait la loi de la cause, et il était pour le litige à l'occasion duquel il avait été prononcé, ce qu'étaient la loi ou l'édit pour la généralité des contestations. C'est ce qu'indique l'étymologie du mot *interdictum* (*inter duos edictum*), édit

[1] Gaius, *Com.*, IV, 139.
[2] Gaius, *Com.*, IV, 141.

entre deux personnes[1]. Toutefois, Gaïus enseigne que ce mot s'applique plus spécialement aux dispositions par lesquelles le préteur défendait quelque chose (*interdicere*); et le mot *decretum* à celles qui consistaient en un ordre impératif[2].

L'on peut aussi interpréter dans le sens qui vient d'être indiqué, les paroles suivantes d'Ulpien : *Interdicta omnia, licet in rem videantur concepta, vi tamen personalia sunt.* Les interdits sont personnels, non-seulement parce que l'action qui en découle est personnelle (c'est un point sur lequel nous reviendrons), mais aussi en ce qu'ils n'ont d'effets que dans la cause pour laquelle ils ont été prononcés, et sont spéciaux aux parties pour lesquelles ils ont été rendus[3].

CHAPITRE II.

DE LA POSSESSION ET DE LA QUASI-POSSESSION.

SECTION PREMIÈRE.

Notions générales sur la possession.

Bien que les interdits possessoires n'aient peut-être occupé qu'un rang secondaire dans la pratique du droit romain, c'est vers eux que les jurisconsultes ont plus spécialement porté leur attention, parce qu'ils ont trait aux intérêts privés, *ad rem familiarem spectant*[4].

Mais, avant d'entrer dans le détail de cette matière, il importe de rechercher ce qu'était la possession que les interdits devaient garantir.

[1] Inst., 4, 15, 1, *in fine*.
[2] Gaius, *Com.*, IV, 140.
[3] Bonjean, *Traité des actions, etc.*, § 322 (*circa finem*).
[4] D. 43, 1, l. 2, § 3.

Possessio, dit Paul, *appellata est* (*ut Labeo ait*) *a pedibus, quasi positio : quia naturaliter tenetur ab eo, qui ei insistit : quam Græci κατοχήν dicunt.*

Dans ce texte, le jurisconsulte romain paraît avoir eu pour but, plutôt de donner une étymologie de la possession que d'en déterminer les caractères juridiques : encore le mérite de cette étymologie a-t-il été contesté, et l'on admet plus généralement que le mot *possessio* dérive de *posse*, pouvoir, *possidere*, avoir en sa puissance. Quoi qu'il en soit, la possession, dans son sens le plus étendu, exprime l'idée d'une puissance exercée vis-à-vis d'une chose, et la pensée du jurisconsulte Paul avait cela de juste que la chose que nous possédons le mieux, et sur laquelle nous avons le rapport le plus immédiat, est celle que nous couvrons de notre corps ; le mot allemand *Besitz* correspond entièrement au mot latin *positio*.

Pothier a dit dans le même sens général : *Possessio definiri potest : usus quidam rei, qui in incubatione consistat*[1].

Mais l'élément du pouvoir extérieur manifesté sur une chose n'est pas suffisant pour constituer la possession dont nous avons à nous occuper. Il faut donc que nous recherchions une définition plus complète. Voici celle qui est adoptée par la plupart des anciens auteurs : « *Possessio est detentio rei alicujus cum animo domini.* » « *Possessio civilis*, nous dit Pothier[2], *definitur a Theophilo : Detentio animo dominantis.* » Enfin Voët[3] définissait la possession : « *Detentio rei corporalis, animo*

[1] *Pandectæ Justinianeæ*, liv. 41, tit. 2, pr.
[2] Ibid.
[3] *Com. ad Pandectas*, 41, 2. n° 1.

eam sibi habendi;» et Mühlenbruch[1] : « *Usus rei cum affectu eam sibi habendi.*»

Toutes ces définitions expriment les mêmes idées en d'autres termes. Pour la possession il faut, d'une part, le fait, l'acte physique et matériel par suite duquel une chose est à la disposition d'une personne; de l'autre, l'intention de posséder cette chose comme maître : *animus domini.*

Il suit de là que la détention du dépositaire, du commodataire, de l'usufruitier, du colon et du locataire n'est pas une véritable possession : en effet, ces diverses personnes ont l'intention de détenir, non pas pour elles-mêmes, mais pour un autre à qui la chose appartient. Cependant cette détention, qui est à peu près dépourvue de conséquences juridiques, reçoit quelquefois le nom de *naturalis possessio* [2]*:* elle est aussi désignée par les expressions : *nuda detentio*; *corporalis possessio ; in possessione esse*, *tenere* [3].

Les définitions que nous avons données de la possession pourraient, à la rigueur, s'appliquer à la propriété : en effet, le propriétaire, comme le possesseur, manifeste sa puissance vis-à-vis de la chose, et ce avec la volonté d'agir sur elle en maître. Mais dans la propriété il y a un élément de plus que dans la possession : dans celle-là il y a le *droit* qui est étranger à celle-ci. Primitivement, et dans l'état normal des choses, la possession est unie à la propriété, elle y est renfermée comme la partie dans le tout, l'effet dans la cause; la posses-

[1] *Doctrina Pandectarum*, § 230.

[2] D. 41, 2, 1, 1; l. 3, § 3; 41, 5, 2, §§ 1 et 2; 43, 16, 1, 9; 45, 1, 38, 7; 10, 4, 3, 15; 22, 1, 38, 10.

[3] D. 41, 2, 24; 39, 2, 7, pr.; 6, 1, 9; 41, 2, 49, pr. et 1; Inst., 4, 15, 5.

sion n'est alors que la manifestation du droit de propriété (elle porte dans ce cas le nom de *jus possidendi*)[1]. Mais il peut arriver aussi que la possession se sépare de la propriété, et c'est à ce point de vue seulement que nous avons à la considérer.

Ainsi isolée de la propriété, la possession peut encore revêtir deux physionomies différentes. Elle peut, en premier lieu, être accompagnée d'*un juste titre*, et de *bonne foi*, et alors elle mène à la propriété par la voie de l'usucapion, en vertu d'une disposition datant déjà de la loi des Douze Tables. De plus, la faveur que mérite celui qui est en voie d'usucaper, inspira au préteur une fiction, par suite de laquelle le possesseur qui se trouvait dans certaines conditions, était censé être déjà arrivé au terme de l'usucapion; de cette fiction naquit l'action Publicienne, sorte de revendication prétorienne, donnée contre tout possesseur qui ne pouvait exciper d'un droit au moins égal à celui de son adversaire.

La possession dont nous venons de parler est la possession par excellence, *possessio civilis*[2], reconnue par le droit civil, et appelée aussi quelquefois *possessio ad usucapionem*[3], par suite de l'effet qu'elle produit.

En second lieu, l'élément de la bonne foi et le juste titre peuvent manquer à la possession, et alors le rapport qui s'établit entre la personne et la chose consti-

[1] Hug. Donelli, *Comment. jur. civ.* (Francfort 1626), 9, 9, p. 453, 33, b.

[2] D. 10, 4, 3, 15; 24, 1, 26 pr.; 43, 16, 1, 9.

[3] D. 41, 3, 16; 41, 2, 1, 15. Nous devons prévenir que la terminologie indiquée au texte pour désigner les diverses espèces de possession, n'était pas admise par les Romains d'une manière absolue; elle variait, au contraire, suivant que la possession dont il s'agissait, était mise en opposition avec l'une ou l'autre des espèces de possessions. De là une certaine confusion.

tue la possession proprement dite, telle que nous l'avons définie plus haut. Elle reçoit dans les textes la qualification de *possessio* sans aucune épithète[1], et chez les commentateurs, celle de *possessio ad interdicta*, car elle suffit à l'exercice des interdits: dès lors ce n'est que de cette espèce de possession que nous aurons à nous occuper dans le cours de ce travail.

— La possession, telle que nous venons de la déterminer, est-elle un droit ou un fait? Si elle est un droit, quelle en est la nature?

Peu de questions ont donné lieu à autant de controverses. Pour la résoudre, une foule de systèmes différents ont été imaginés de tout temps par les commentateurs; l'école allemande surtout a pris une part très-vive à cette lutte, et M. de Savigny, dans son savant *Traité de la possession*[2], fait connaître une partie des nombreuses opinions émises à ce sujet par ses compatriotes.

Les uns considèrent la possession comme un *jus in re;* d'autres comme un droit spécial, *jus possessionis*, venant se placer à côté du *jus in re* et du *jus ad rem*, et ne tenant ni de l'un ni de l'autre. Suivant Puchta, la possession est un droit, non pas relatif à la chose, mais à la personne, et la protection dont jouit la possession est accordée à la personne dans le cas particulier de la détention naturelle et non légale d'une chose. D'après Rudorf, la base du droit de possession est la prohibition portée contre le fait de se rendre justice à soi-même; Hasse envisage la possession comme un droit existant sur une chose, droit purement relatif,

[1] D. 24, 1, 26; 41, 2, 1, 4; 41, 6, 1, 2.
[2] Traduction de Faivre d'Audelange, p. 43 et sv.

ne pouvant s'exercer que contre celui qui voudrait s'emparer de la possession par violence; Huschke cherche l'explication de la possession dans les origines de la nation romaine; aux Quirites seuls, devenus plus tard les patriciens, compétait le droit de propriété; les Rhamnes ou plébéiens exercèrent le fait de la possession sous la protection des interdits. Enfin, quelques auteurs font de la possession, non un droit particulier, mais une propriété provisoire.

Il y a peut-être quelque chose de vrai dans chacun de ces systèmes; cependant ils nous semblent pécher presque tous par le même point, c'est-à-dire en attachant à la possession l'idée du droit qui, *dans le principe*, doit lui être complétement étrangère. Aussi le savant professeur allemand, après avoir rendu compte de toutes ces opinions, s'attache à les réfuter; puis il indique à son tour sa manière de voir, qui nous paraît de beaucoup préférable à celle de ses adversaires, et que nous croyons pouvoir considérer comme le dernier mot sur la matière.

Nous ne pouvons mieux faire que de citer ses propres expressions.

« La possession, dit M. de Savigny[1], nous paraît d'abord une puissance de fait sur une chose, conséquemment un non-droit (différent de délit), quelque chose enfin de complétement étranger au droit. Cependant elle est protégée contre certaines violations, et, pour assurer cette protection, on a établi des règles sur l'acquisition et la perte de la possession, absolument comme si elle constituait un droit. Donner le motif de

[1] P. 37.

cette protection et de cette assimilation de la possession à un droit, telle est la question. Ce motif se trouve dans la connexion intime qui existe entre le fait de possession et le possesseur; le respect dû à la personne de celui-ci réfléchit indirectement sur le fait, qui ainsi se trouve à l'abri des actes de violence, puisque ceux-ci atteindraient toujours en même temps la personne. La personne, en effet, doit être garantie contre toute violence... etc. »

Si la violence porte uniquement sur la personne, elle ne produit d'autre conséquence qu'une action en réparation d'injure; si la violence porte sur une chose dont on est propriétaire, la propriété lésée trouve une protection efficace dans les lois.

« Entre ces deux cas extrêmes, continue M. de Savigny, se trouve le cas où la violence dirigée contre la personne la trouble dans sa *possession*, ou la lui ravit. Ce n'est point, dans ce cas, un droit indépendant de la personne qui est violé; il y a dans la *position* de la personne quelque chose de changé à son préjudice, et le tort qui lui est causé par la violence ne peut être entièrement réparé que par le rétablissement ou la protection de cet état de fait auquel la violence a porté atteinte. Telle est la vraie cause des actions possessoires, etc. »

Ainsi, ne participant que du fait dans son origine, la possession touche au droit par ses conséquences juridiques. Elle tient donc à la fois du fait et du droit, et c'est par suite de cette nature mixte et suivant que les jurisconsultes envisagent la possession sous l'une ou l'autre de ses faces, qu'ils disent d'elle, tantôt qu'elle est *res facti*, tantôt qu'elle est *res juris*. *Jam vero, cum ex sola possessione jura proficiscantur, sequitur, ut simul et factum et jus sit possessio. Et factum quidem ad causam, jus ad vim et potestatem referri potest*[1].

SECTION II.

De l'acquisition et de la perte de la possession.

Du moment que la possession fut devenue la source de droits importants, l'on comprend aisément que, par suite de la connexité intime qui s'établit entre l'effet et la cause, la possession ait dû en venir peu à peu à être considérée elle-même comme un droit *sui generis*, ayant ses conditions d'existence propre, et pouvant s'acquérir, se conserver et se perdre de telle ou telle manière et suivant certaines règles qui vont être brièvement exposées.

Nous avons constaté que la possession juridique (la seule dont nous ayons à nous occuper) se compose de deux éléments, la détention de la chose et la volonté d'en disposer comme d'une propriété. Ces deux éléments doivent se retrouver dans les conditions requises pour son acquisition. La possession s'acquiert, nous disent les jurisconsultes romains, *corpore et animo*[1]. Le mot *corpus* désigne le fait matériel; *animus*, c'est l'intention. Pour l'existence du fait matériel, le contact réel et physique avec la chose n'est pas indispensable; il suffit que celui qui veut prendre possession d'un objet soit placé vis-à-vis de lui dans une situation telle que l'existence de sa puissance physique sur cet objet soit clairement démontrée. Ainsi, l'on est mis suffisamment en posses-

[1] Mühlenbruch, *Doct. Pand.*, § 230.

[2] D. 41, 2, 3, 1. Paul. *Sent. rec.*, 5, 2, 1.

sion d'un fonds, non-seulement lorsqu'on en a parcouru une partie, mais même quand le possesseur actuel vous l'a désigné de loin comme étant celui qu'il veut vous céder[1]; d'un magasin, quand le propriétaire vous en remet les clefs[2]; d'un objet mobilier, quand on le met en votre présence, de manière que vous puissiez le saisir quand bon vous semblera[3], ou bien quand, sur votre ordre, on le remet à un autre[4], ou qu'on le transporte dans votre maison[5].

De tous ces exemples donnés par les textes se déduit cette formule générale : Pour que le *corpus possessionis* existe, il faut que la chose soit à la libre disposition du possesseur.

Cette condition peut quelquefois se réaliser sans aucun changement extérieur ; par exemple, si l'on vend, ou si l'on donne une chose à celui qui la détenait déjà à titre de louage, de commodat ou de dépôt. Dans ce cas, le *corpus possessionis* passe immédiatement au locataire, commodataire ou dépositaire[6]. A l'inverse, si je vends un fonds et le conserve en qualité de fermier, j'en perds le *corpus possessionis*, qui passe sur la tête de l'acheteur devenu propriétaire, pour le compte duquel je détiens désormais[7].

L'*animus possessionis*, ou *animus rem sibi habendi*, consiste dans l'intention de disposer de la chose comme de sa propriété, à l'exclusion de tous. Cette condition

[1] D. 41, 2, 18, 2.
[2] Inst., 2, 1, 45.
[3] D. 41, 2, 51.
[4] D. 46, 3, 79 ; 41, 2, 1, 21.
[5] D. 41, 2, 18, 2.
[6] Inst., 2, 1, 44.
[7] D. 6, 1, 77.

ne peut être remplie par les enfants [1], les fous [2] et les personnes morales [3], qui par conséquent ne peuvent acquérir la possession par eux-mêmes.

La possession peut être acquise par autrui: *Possessionem adquirimus et animo et corpore: animo utique nostro, corpore vel nostro vel alieno* [4]. Il faut alors qu'il y ait entre le représentant et le représenté un rapport juridique quelconque, tel qu'une puissance légale, un mandat: ainsi le fils de famille et l'esclave prennent possession pour leur père et leur maître [5], les tuteurs pour leurs pupilles, les curateurs pour ceux dont ils administrent les biens [6], les mandataires pour leurs mandants [7].

Le représentant doit exercer le fait matériel de l'appréhension, et ce avec l'intention d'acquérir, non pour lui-même, mais pour celui qu'il représente [8].

Le représenté doit avoir la volonté de posséder pour lui-même l'objet physiquement appréhendé par celui auquel il en a donné l'ordre ou dont il ratifie l'action [9]. Par exception, et *utilitatis causâ*, l'intention des enfants et des fous est entièrement remplacée par celle de leurs tuteurs et curateurs [10].

En ce qui concerne l'acquisition par autrui, il n'est pas sans intérêt de faire ressortir les différences qui

[1] D. 41, 2, 32, 2 ; C. 7, 32, 3.
[2] D. 41, 2, 1, 3 ; 41, 2, 18, 1.
[3] D. 47, 4, 1, 15 ; 41, 2, 1, 22.
[4] Paul, *Sent. rec.*, 5, 2, 1.
[5] D. 41, 2, l. 1, §§ 5, 6 et 8 ; l. 49.
[6] D. 41, 2, 1, 20.
[7] Paul, *Sent. rec.*, 5, 2, 2 ; Inst., 2, 9, 5 ; D. 41, 2, 2 ; 41, 1, l. 20, § 2, et l. 53.
[8] D. 41, 2, 1, 19.
[9] D. 41, 2, l. 42, § 1 ; l. 1, § 5 ; l. 3, § 12 ; l. 4.
[10] D. 41, 2, 32, 2, et l. 1, § 3.

existent entre la possession et la propriété. Gaius [1] nous enseigne que la propriété ne peut être acquise à un autre par des personnes libres, ce qui n'est qu'une conséquence du principe que le citoyen romain ne peut être représenté par autrui. Pour les institutions du droit des gens, l'on devait s'écarter de la sévérité de cette règle, aussi fut-il admis que la possession pût être acquise par des personnes étrangères même libres [2]. Mais la possession nous est-elle acquise de cette façon à notre insu, ou bien faut-il que nous ayons connaissance du fait de l'appréhension effectuée par notre représentant? Les textes semblent porter à cet égard des décisions contraires: *Ignoranti quoque possessio adquiritur*, disent plusieurs lois [3]; au contraire, deux fragments, l'un de Paul [4], l'autre d'Ulpien [5], paraissent exiger la ratification de l'acquéreur pour déterminer la mutation de possession à son profit. La conciliation de ces divers passages nécessite une distinction. Si nous donnons à une personne le mandat exprès de recevoir pour nous, elle nous acquiert la possession du moment où la chose est à sa disposition, et même à notre insu, quoique l'usucapion ne commence à courir à notre profit que du moment où nous avons connaissance de la prise de possession [6]; si, au contraire, quelqu'un acquiert pour nous par une simple gestion d'affaires, nous ne devenons réellement possesseurs que par notre ratification, car c'est à ce moment seulement que l'*animus possidendi* peut exister chez nous.

[1] *Com.*, II, 95.
[2] Inst., 2, 9, 5; D. 41, 1, 53.
[3] Inst., 2, 9, 5; C. 7, 32, 1; D. 41, 2, l. 34. § 1; l. 49, 2.
[4] Paul, *Sent. rec.*, 5, 2, 2.
[5] D. 41, 2, 42, 1.
[6] D. 41, 2, 49, 2; 41, 3, 47.

Quant à la façon d'acquérir par les personnes que l'on a sous sa puissance, il y a aussi une distinction à faire entre la propriété et la possession. Toute propriété acquise par un esclave ou un fils de famille l'est aussitôt pour son maître, à l'insu et même contre le gré de ce dernier[1]; car il est de principe en droit romain que celui qui est *alieni juris* ne peut, en règle générale, rien avoir en propriété[2]. Il n'en est pas de même de la possession. L'esclave, le fils de famille, peuvent bien exécuter le fait matériel au nom de leur maître et de leur père, *animo nostro, corpore etiam alieno, possidemus*[3], mais pour que ceux-ci profitent de cet acte, il faut la coopération de leur volonté[4]. Il n'y avait d'exception que pour les choses qui entraient dans les pécules, et dont les chefs de famille acquéraient la possession, *etiam ignorantes, quia nostra voluntate intelligantur possidere, qui eis peculium habere permiserimus*[5].

— La possession se conserve comme elle s'acquiert, *corpore et animo*: Mais il n'est pas nécessaire que les deux conditions soient aussi rigoureusement caractérisées pour sa continuation que pour son acquisition.

Ainsi, pour ce qui concerne l'*animus*, une volonté constamment déterminée, un renouvellement perpétuel de l'intention ne sont pas requis; il suffit que cette volonté, cette intention ne deviennent pas contraires à l'idée de la possession.

Le *corpus possessionis* subsiste tant que le possesseur se trouve à même de disposer de la chose à son gré,

[1] Inst., 2, 9, 3.
[2] Gaius, *Com.*, II, 87.
[3] D. 41, 2, 3, 12.
[4] D. 41, 2, 44, 1.
[5] D. 41, 2, l. 1, § 5; l. 3, § 12; l. 44, § 1.

bien qu'il n'y ait pas entre lui et elle un rapport physique immédiat.

Au reste, la possession continuant à exister aussi longtemps qu'elle ne se perd pas, il suffira d'établir comment la perte de la possession a lieu pour avoir par là même indiqué les conditions de sa conservation.

La possession se perd comme elle s'acquiert et se continue, *corpore et animo*. *L'un seul* de ces éléments vient-il à manquer, la possession cesse aussitôt[1] : mais ils sont censés maintenus tant qu'il n'intervient pas de la part du possesseur une intention ou un fait contraires[2].

L'intention contraire suppose la résolution arrêtée de ne plus posséder[3]; elle peut se manifester directement par des paroles; elle peut aussi résulter implicitement de faits concluants[4]. Le fou ne pouvant avoir de volonté, il s'ensuit qu'une personne frappée d'aliénation mentale continue nécessairement la possession qu'elle aurait acquise avant sa démence[5].

Le fait contraire existe lorsqu'il devient impossible au possesseur d'établir désormais sa puissance physique sur la chose. Or, l'éloignement ne suffit pas à lui seul pour produire cet effet[6].

Il y a *corpus contrarium* pour les meubles, par exemple, quand un tiers s'en empare[7]; quand ils sont perdus; s'il s'agit de bêtes sauvages, quand elles se sont

[1] *Non obstat* D. 50, 17, 153. Dans ce passage le mot *utrumque* doit être pris dans le sens de l'un *ou* l'autre, et non pas de l'un *et* l'autre. Savigny, § 30, p. 363 et sv.

[2] D. 50, 17, 153; 41, 2, 8.

[3] D. 41, 2, l. 3, § 6; l. 17, § 1; l. 30, § 4.

[4] D. 41, 3, 37, 1.

[5] D. 41, 2, 27.

[6] Paul, *Sent. rec.*, 5, 2, 1; D. 41, 2, 3, §§ 7, 11 et 13.

[7] D. 41, 2, 15.

échappées, et d'animaux apprivoisés, lorsqu'ils ont perdu l'esprit de retour[1].

Le *corpus possessionis* des immeubles est perdu quand il y a eu acquisition de possession consommée par un tiers, ce qui peut se faire soit par la *dejectio,* soit par l'*occupatio per absentiam.* Il y a *dejectio* quand le possesseur est violemment expulsé de son fonds par un tiers. Pour l'*occupatio per absentiam*, il existe des règles spéciales. Si l'on envahit le fonds d'une personne absente, celle-ci continue sa possession aussi longtemps qu'elle ignore l'occupation; elle n'est dépossédée définitivement qu'au moment où, voulant entrer dans son immeuble, elle éprouve de la résistance de la part de l'usurpateur, ou bien lorsqu'elle se résigne à le laisser en jouissance[2].

La cause du *corpus contrarium* peut encore résider pour les immeubles dans un événement naturel qui rend désormais toute possession impossible : tel serait l'envahissement d'un fonds par la mer ou par un fleuve.

Si la possession se perd *solo animo* ou *solo corpore*, c'est-à-dire lorsqu'un seul de ces éléments vient à manquer, à plus forte raison cesse-t-elle d'exister lorsqu'il survient à la fois un *corpus contrarium* et un *animus contrarius*, ce qui a lieu, par exemple, quand le possesseur livre lui-même la chose avec intention d'en transmettre la possession à autrui[3].

La possession se perd aussi bien qu'elle s'acquiert et se conserve par un représentant : D'abord si celui-ci est infidèle et veut s'approprier la possession qu'il conser-

[1] D. 41, 2, 3, §§ 13 à 16.
[2] D. 41, 2, l. 25, § 2, et l. 46 ; l. 3. § 7 ; l. 6, § 1 ; l. 20.
[3] D. 41, 2, l. 33 : l. 18. § 2.

vait pour autrui. Mais ce changement ne s'opère pas à son profit par un simple acte de sa volonté; s'agit-il d'une chose mobilière, il faut que l'acte du représentant ait tous les caractères du vol, *animus furandi* et *contrectatio;* la soustraction de la chose concordant avec l'intention frauduleuse. La possession ne sera donc perdue que lorsque la volonté de posséder pour soi (*animus furandi*) aura été manifestée de la part du représentant par un acte extérieur (*contrectatio*)[1]. S'agit-il d'immeubles, il faut appliquer les règles énoncées tout à l'heure, et se rappeler que l'on n'est pas dépossédé par une usurpation dont on n'a pas connaissance.

L'on peut aussi perdre la possession par son représentant sans que celui-ci ait voulu se l'approprier, par exemple, s'il livre la chose à un autre[2], s'il la perd ou si elle lui est enlevée[3], s'il est expulsé par violence. Dans ce dernier cas, l'on est dépossédé même avant d'avoir connaissance de l'expulsion du représentant[4]. Mais il n'en est pas de même lorsque ce dernier a abandonné la chose et qu'un tiers s'en est emparé; alors la négligence du représentant ne saurait nuire au représenté, et celui-ci, conformément aux règles générales, n'est dépossédé que lorsque, informé de l'usurpation, il n'a pas cherché à faire valoir son droit[5].

Nous ne perdons pas la possession de notre chose si notre représentant n'en transmet à un autre que la détention, par exemple, en la louant[6], ni lorsqu'il meurt ou perd l'usage de la raison[7].

[1] D. 41, 2, 3, 18; 47, 2, l. 1, § 2; l. 67, pr.
[2] D. 41, 3, 33, 4.
[3] D. 41, 2, l. 25, pr.; l. 15.
[4] D. 43, 16, 1, 22.
[5] C. 7, 32, 12.
[6] D. 41, 2, 30, 6.
[7] D. 41, 2, 25, 1; 41, 3, 31, 3.

La possession ne se transmet pas par hérédité, comme la propriété et les autres droits : chose de fait, elle n'existe pour l'héritier comme pour tout autre que par l'acte matériel, l'appréhension physique[1]; mais une fois que l'héritier a rempli cette condition, il continue la personne de son auteur pour la possession comme pour tous les droits; alors la possession, bien qu'exercée par deux individus distincts, est censée n'avoir subi aucune interruption, il y a *successio in possessionem*, et les deux possessions se joignent de telle manière que l'héritier peut ajouter celle de son auteur à la sienne pour la compléter et en augmenter la durée, ou, pour mieux dire, il n'y a plus à proprement parler deux possessions, c'est plutôt une seule et même possession, celle du défunt, qui est censée continuer étant exercée par son héritier[2].

Il suit de là que la possession n'a pu changer de nature en passant à l'héritier; que celui-ci la prend telle qu'elle était, avec ses qualités et ses défauts; et qu'il la perpétue de même. La possession du défunt était-elle de bonne foi ? L'héritier en profitera et pourra invoquer ce caractère, quoique étant lui-même de mauvaise foi. A l'inverse, l'héritier se prévaudrait en vain de sa bonne foi personnelle si son auteur était de mauvaise foi. En pareille matière, c'est l'origine seule de la possession qu'il faut considérer[3].

Il peut aussi y avoir *accessio possessionis* au profit d'un successeur particulier, c'est-à-dire, par exemple, que la possession de l'acheteur peut être jointe à celle

[1] D. 41, 2, 23, pr.
[2] D. 50, 17. 59.
[3] Inst., 2, 6, 12; D. 44, 3, l. 11; l. 14, § 1; 41, 4, 2, 19; 4, 6, 30, pr.; C. 7, 32, 11.

du vendeur, celle du donataire à celle du donateur; ici, il est vrai, il n'est pas question de représentation de la personne de l'auteur par le successeur, aussi les deux possessions devraient-elles rigoureusement demeurer distinctes, mais il a été admis qu'elles pouvaient être jointes et se compléter l'une l'autre[1].

Toutefois l'*accessio possessionis* n'est offerte au successeur que comme un bénéfice qu'il peut refuser si bon lui semble, et il lui est loisible de commencer dans sa personne une possession nouvelle, si celle de son auteur lui paraît désavantageuse[2].

SECTION III.

De la juris quasi-possessio.

Les notions que nous avons données jusqu'à présent ne s'appliquent qu'à des choses corporelles, seules susceptibles de l'exercice de ce pouvoir physique que nous avons vu être une des conditions essentielles de la possession. Cependant, de même que l'on peut détenir une chose avec esprit de maître, quoique l'on n'en soit pas propriétaire, de même l'on peut exercer un droit dans l'intention de se l'approprier, bien qu'il compète à autrui : il y a là un rapport nouveau qui est au droit, à l'usufruit par exemple, ce que la possession est à la propriété : par suite de cette analogie, l'on a donné à ce rapport le nom de *juris quasi-possessio.*

Or, l'exercice de la *quasi-possessio* pouvait être troublé comme celui de la *possessio*, et dès lors l'intervention de l'autorité avait la même raison d'être : aussi verrons-nous qu'elle était protégée par plusieurs interdits.

[1] Inst., 2, 6, 13; D. 41, 4, 2, 20.
[2] D. 44, 3, l. 11, 15 et 16.

Les principes précédemment exposés pour l'acquisition, la conservation et la perte de la possession sont en général applicables à la quasi-possession, *mutatis mutandis*. Le *corpus quasi-possessionis* sera le fait de l'exercice du droit; l'*animus* consistera dans l'intention d'user de ce droit en maître.

CHAPITRE III.

DES INTERDITS POSSESSOIRES.

SECTION PREMIÈRE.

Leur origine, leur nature.

Nous avons à rechercher maintenant quelle a été l'origine de la protection accordée par le préteur à la possession proprement dite.

La loi civile s'était occupée des droits et des garanties qui leur étaient nécessaires. Mais, nous l'avons vu, la possession n'est point un droit; elle n'est dans son principe qu'un pur fait. Cependant, que la possession exercée de bonne foi ait attiré l'attention du législateur, qu'on lui ait accordé le bénéfice de l'usucapion et de l'acquisition des fruits, que le préteur ait créé à son profit l'action Publicienne, tout cela s'explique par la faveur que mérite celui qui se comporte en propriétaire parce qu'il a de justes motifs de se croire investi de ce titre. Mais quel intérêt inspire une possession à laquelle manque l'élément de la bonne foi, et qui peut avoir son point de départ dans l'injustice et l'usurpation? Il semble qu'elle ne soit digne d'aucune protection; toutefois le repos public, l'équité même, ne pouvaient permettre que le simple possesseur, dépourvu d'un juste titre d'acquisition, mais auquel on ne pouvait faire aucun reproche de clandestinité, de violence ou de précaire, restât entièrement exposé aux agressions du premier venu. De plus, et bien que l'on ne s'attachât qu'à des circonstances de fait pour déterminer la possession, il pouvait exister en faveur du possesseur une certaine présomption de propriété, et la seule possibilité de l'existence de ce droit à son profit devait attirer sur lui la protection de l'autorité. La nécessité de protéger le possesseur dut donc se faire sentir, et en l'absence de lois rédigées dans ce but, le préteur, dont la mission consistait à aider, à compléter et à corriger le droit civil (*adjuvandi, vel supplendi vel corrigendi juris civilis gratiâ...*[1]), sut arriver par une voie indirecte et détournée à pourvoir à ce besoin.

Chargé de maintenir le repos et la paix publique, le préteur doit intervenir chaque fois qu'il y a une querelle, ou qu'un acte de violence se manifeste; par suite de son intervention, l'ordre doit être rétabli, et les choses remises dans l'état où elles se trouvaient primitivement. Lors donc qu'une personne est troublée dans sa possession, ou qu'elle en est entièrement privée, le préteur interpose son autorité, et somme l'auteur du trouble de le cesser immédiatement et d'en réparer les suites. Il agit plutôt pour réprimer le désordre que pour protéger le possesseur, mais il arrive ainsi nécessairement, quoique indirectement, à ce dernier résultat.

Les considérations qui précèdent paraissent suffire pour expliquer d'une manière satisfaisante l'origine historique des interdits possessoires, et il ne nous semble pas nécessaire de suivre Niebuhr et M. de Savigny[2]

[1] D. 1, 1, 7, 1.
[2] *Possession*, § 12 a.

dans les ingénieuses conjectures auxquelles ils se livrent dans ce but. D'après ces savants auteurs, la *possessio* n'était primitivement autre chose que la jouissance de ceux qui tenaient à fermage l'*ager publicus*. Le peuple romain étant toujours censé le seul maître de cette partie du territoire de la République, elle n'était pas susceptible de propriété privée, et, par suite, ceux qui en étaient concessionnaires ne pouvaient invoquer à leur profit les actions naissant du domaine. Il leur fallait cependant un moyen de se défendre contre les agressions étrangères : les interdits auraient été imaginés à cet effet. Plus tard seulement, la possession et les interdits possessoires auraient été appliqués à l'*ager privatus*.

Les principales raisons sur lesquelles l'on appuie ce système sont les suivantes :

1° La jouissance de l'*ager publicus* portait généralement le nom de *possessio ;* 2° les interdits *recuperandæ possessionis* ne s'appliquaient qu'aux biens-fonds et non aux choses mobilières, ce qui est un vestige de leur destination primitive ; 3° les fermiers de l'*ager vectigalis*, créé à l'imitation de l'*ager publicus*, étaient, sans aucune autre raison apparente que celle de la tradition historique, considérés comme possesseurs, quoiqu'ils ne jouissent que d'une chose appartenant à autrui.

Ces considérations ne manquent pas de gravité, mais sont-elles assez convaincantes pour faire admettre un système qui assigne à une cause toute spéciale des effets aussi vastes, aussi étendus, aussi durables ? N'est-il pas plus simple et plus rationnel d'attribuer aux interdits possessoires une origine analogue à celle des autres interdits ? Le préteur a, dès le principe, senti le besoin de pourvoir à la protection des lieux sacrés, des voies publiques, etc.; les mêmes raisons, c'est-à-dire le maintien du bon ordre et de la paix, ont dû l'amener nécessairement à s'occuper aussi de la possession. Que la jouissance de l'*ager publicus* ait été garantie au moyen des interdits, qu'elle ait participé aux bienfaits d'une institution déjà établie, c'est possible; mais qu'elle ait été la cause première de la naissance de cette institution, nous ne saurions l'admettre[1].

— Quant à la nature des interdits, elle est facile à déterminer : « *Omnia interdicta, licet in rem videantur concepta, vi tamen personalia sunt*[2]. » Les interdits étaient conçus *in rem*, en ce que leur formule était générale et ne nommait personne; cependant ils ne s'exerçaient pas vis-à-vis de tous, mais seulement contre la personne obligée par le fait du trouble, ce qui est le caractère de l'action personnelle.

Écoutons Pothier : « *Sunt igitur interdicta, species actionum* in personam, *quamvis in rem concepta, id est sine designatione alicujus personæ scripta sint : quemadmodum actiones personales in rem scriptæ, v. g. actio* Quod metus causa, *nihilominus sunt actiones* in personam. *Enimvero in interdictis actor non principaliter intendit aliquid suum esse; sed adversarium restituere, exhibere, pati aliquid oportere; quæ intentio est actionum* in personam[3]. »

C'est par suite de ce caractère de personnalité de l'interdit qu'il fut jugé insuffisant dans certaines circonstances, et que le besoin de la création de l'action

[1] En ce sens : Ortolan, *Explication historique des Instituts*, liv. 4, tit. 15 (5e éd., p. 648).

[2] D. 43, 1, 1, 3.

[3] *Pandectæ*, liv. 43, tit. 1, art. 1.

Publicienne se fit sentir pour protéger celui qui était en voie d'usucaper. Les interdits *recuperandæ possessionis* ne pouvaient être dirigés que contre l'auteur du trouble; au contraire, l'action Publicienne était donnée contre tous détenteurs dont la possession était moins bonne que celle du demandeur : *qui inferiori jure possidebant.*

Le droit personnel lui-même peut provenir de plusieurs sources : *ex contractu, quasi ex contractu; ex maleficio, quasi ex maleficio.* L'interdit ne suppose aucun contrat préexistant; il prend naissance dans un acte que la loi elle-même qualifie de *maleficium*[1] et de *delictum*[2]; il est donc évident qu'il se rattache à la classe des droits personnels nés *ex maleficio* ou *ex delicto*[3].

SECTION II.

Classification des interdits possessoires.

Suivant les textes, les interdits possessoires sont donnés *vel retinendæ, vel recuperandæ, vel adipiscendæ possessionis causa*[4]; c'est-à-dire, les uns pour retenir, d'autres pour recouvrer, d'autres enfin pour acquérir la possession.

Le jurisconsulte Paul signale une quatrième espèce d'interdits : « *Sunt interdicta (ut diximus) duplicia, tam recuperandæ quam adipiscendæ possessionis*[5]. »

Jusqu'à nos jours, les savants avaient fait de nombreux et inutiles efforts pour trouver des exemples d'in-

[1] D. 43, 16, 1, §§ 14 et 15.
[2] D. 43, 16, 19, *in fine*.
[3] Doneau, l. 15, c. 32, p. 800, 10 a; Savigny, § 6, p. 28 et sv.
[4] D. 43, 1, 2, 3.
[5] D. ibid.

terdits de cette espèce; mais le passage suivant d'Ulpien est venu enfin en révéler le nom et la nature:

« *Sunt etiam interdicta duplicia tam adipiscendæ* « *quam recuperandæ possessionis; qualia sunt inter-* « *dicta* quem fundum *et* quam hereditatem : *nam si* « *fundum vel hereditatem ab aliquo petam, nec lis de-* « *fendatur, cogitur ad me transferre possessionem, sive* « *nunquam possedi, sive antea possedi, deinde amisi* « *possessionem*[1]. »

Les *Fragmenta Vaticana* (§ 92) nous apprennent qu'il existait un interdit *quem usufructum* analogue aux deux précédents.

Voici en peu de mots en quoi ces interdits étaient doubles. Dans l'action réelle, le défendeur, qui était en possession de la chose en litige, devait en garantir la restitution par une caution, pour le cas où il perdrait son procès. Lorsque cette caution était refusée, le préteur, par l'un des interdits doubles indiqués plus haut, ordonnait au défendeur de transmettre immédiatement la possession au demandeur. Dès lors les rôles étaient changés; le défendeur primitif devait, s'il voulait continuer le procès, agir comme demandeur, et réciproquement, les avantages de la défense avaient passé avec la possession à celui qui était précédemment demandeur. L'interdit qui avait opéré cette mutation avait le caractère tantôt d'un interdit *recuperandæ possessionis*, tantôt d'un interdit *adipiscendæ possessionis*, suivant que le demandeur investi de la possession par le décret du magistrat l'avait déjà eue précédemment et l'avait perdue, ou bien n'avait jamais possédé. Cela est d'ailleurs clairement expliqué par le texte précité.

[1] *D. Ulpiani fragmentum Vindoboni repertum*, § 6.

— Pour l'application des interdits *retinendæ possessionis*, il faut supposer que le demandeur était en possession, mais qu'il a éprouvé un trouble violent qui lui fait craindre d'être dépossédé : il invoque l'autorité du préteur pour être maintenu dans sa jouissance.

Les interdits *recuperandæ possessionis* avaient pour but de réintégrer le demandeur dans la possession qu'il avait primitivement et qu'il avait perdue.

Dans ces deux espèces d'interdits, la possession est donc tout à la fois la base et le but de la demande : la base, en ce que le demandeur invoque à l'appui de sa prétention sa possession actuelle ou antérieure; le but, en ce qu'il tend à être soit maintenu, soit réintégré dans sa possession.

Il n'en est pas de même pour les interdits *adipiscendæ possessionis* qui ne supposent pas de la part du demandeur une possession actuelle ou antérieure, mais n'ont d'autre objet que de lui faire acquérir une possession qu'il n'avait point encore.

Il y a donc entre les interdits *retinendæ possessionis* et *recuperandæ possessionis* d'une part, et de l'autre les interdits *adipiscendæ possessionis* une grande différence qu'il importe de signaler. Dans les deux premières espèces seules, la possession est, ainsi que nous venons de le dire, tout à la fois la base et le but de l'action; dans la troisième, elle n'en est que le but. Dès lors il faut reconnaître que les interdits *adipiscendæ possessionis* s'éloignent entièrement de la notion que nous avons donnée plus haut des interdits possessoires, en assignant comme motif de leur création le besoin de protéger la possession. Et, en effet, il ne saurait être question de protéger une possession non encore existante.

Cependant, comment expliquer que ces trois espèces d'interdits soient constamment réunies dans les textes comme appartenant à un seul et même genre[1], et qu'elles soient indifféremment appelées par les commentateurs, une fois même dans les sources[2], *interdicta possessoria?*

On a essayé de sortir de cette difficulté en disant que, dans les interdits *adipiscendæ possessionis*, le demandeur était, par une fiction, censé avoir déjà eu la possession qu'il cherchait à acquérir: *ut propter præstationis æquitatem jam videatur esse nostra (possessio)*[3].

Nous croyons plus logique de conclure, comme le fait M. de Savigny[4], en disant qu'à proprement parler les interdits *retinendæ* et *recuperandæ possessionis* devraient seuls porter le nom d'interdits possessoires, comme se reliant seuls à la théorie que nous avons exposée plus haut et qui ne peut en aucune façon s'appliquer aux interdits *adipiscendæ possessionis.*

Toutefois, quels que soient la base et le point de départ de ces différents interdits, ils ont au moins ces points communs entre eux, qu'ils ont rapport aux intérêts privés, *ad rem familiarem spectant*[5], que la possession est le but auquel ils tendent, et cette similitude était peut-être le motif pour lequel les jurisconsultes les ont classés ensemble, sans attacher d'ailleurs d'autre importance à cette juxtaposition.

[1] Gaius, *Com.*, IV, § 143; D. 43, 1, 2, 3.
[2] D. 8, 1, 20.
[3] Doneau, l. 15, c. 37, al. 1, p. 814, 68 a.
[4] § 35.
[5] D. 43, 1, 2, 3.

— Nous allons donner un aperçu rapide des principaux interdits possessoires.

1° Interdits *adipiscendæ possessionis.*

a) L'interdit *quorum bonorum* donné au *bonorum possessor* pour lui faire acquérir la possession des biens héréditaires qui seraient détenus par un autre *pro hærede* ou *pro possessore.*

b) L'interdit *salvien* donné au propriétaire d'un fonds rural pour se faire attribuer, à défaut de paiement, la possession des objets du fermier affectés spécialement au paiement des fermages [1].

Nous ne mentionnons ici ces deux interdits *adipiscendæ possessionis* que pour mémoire, car, ainsi que nous l'avons dit plus haut, ils appartiennent à un ordre d'idées tout différent de celui qui fait l'objet de ce travail.

2° Interdits *recuperandæ possessionis.*

a) L'interdit *unde vi* compète à celui qui, ayant perdu par suite de violence la possession d'un immeuble, demande à y être réintégré. En voici la formule :

« *Unde tu illum vi dejecisti*, *aut familia tua dejecit;*
« *de eo quæque ille tunc ibi habuit, tantummodo intra*
« *annum*, *post annum de eo, quod ad eum*, *qui vi dejecit,*
« *pervenerit*, *judicium dabo* [2]. »

Pour être admis à agir par l'interdit *unde vi*, le demandeur doit établir :

1° Qu'il avait la possession au moment de l'expulsion ;

2° Qu'il l'a perdue par suite d'une violence grave dirigée contre sa personne ;

[1] Inst., 4, 15, 3.
[2] D. 43, 16, 1, pr.

3° Que cette violence a été exercée par son adversaire, ou quelqu'un des siens, ou par son ordre.

Enfin, il fallait qu'il s'agît de la possession d'un immeuble ou de la quasi-possession d'une servitude personnelle sur un immeuble.

Cependant il y a des motifs de croire que par la suite l'interdit *unde vi* put également s'appliquer aux meubles.

C'est un point sur lequel nous reviendrons.

Le but auquel on tendait par l'interdit *unde vi* était de se faire réintégrer dans sa possession et, en outre, de se faire indemniser des pertes éprouvées par suite de l'expulsion.

Le défendeur pouvait, dans l'ancien droit, repousser la prétention de son adversaire, en prouvant que celui-ci n'avait qu'une possession vicieuse, c'est-à-dire obtenue sur lui *vi*, *clam* ou *precario*.

Mais cette exception n'était admise que dans le cas de violence ordinaire (*vis quotidiana*); lorsqu'il y avait eu violence armée (*vis armata*), celui qui avait été dépouillé devait être réintégré dans sa possession, quelque vicieuse qu'elle ait été. La violence armée était considérée comme un fait très-grave, et si le législateur tolérait que l'on repoussât l'agression, même par les armes, il avait cru devoir se montrer très-sévère envers ceux qui useraient de main armée pour reprendre après coup la possession qui leur avait été enlevée[1].

Sous Justinien, la même sévérité était appliquée aux deux espèces de violence sans distinction, et les excep-

[1] Gaius, IV, 154 et 155; D. 43, 16, 3, 9 et I. 17.

tions *vi*, *clam* et *precario* ne faisaient plus, dans aucun cas, obstacle à l'interdit *unde vi*[1].

Les constitutions étaient allées bien plus loin encore pour empêcher qu'on ne se fît justice à soi-même par la violence, en déclarant que le spoliateur violent perdrait tout droit sur la chose ravie, même la propriété, s'il l'avait[2].

L'interdit *unde vi* ne pouvait plus être intenté après le délai d'une année depuis l'expulsion : cependant cette règle souffrait des exceptions, dont la plus importante, mentionnée par la formule elle-même, concernait le cas où le défendeur avait retiré quelque profit du trouble exercé par lui : alors il pouvait, même après l'année, être recherché jusqu'à la concurrence de ce profit[3].

b) L'interdit *de clandestina possessione*, dont l'existence très-douteuse n'est attestée que par un passage d'Ulpien[4], aurait été employé dans le cas où la possession d'un immeuble aurait été enlevée clandestinement. Du reste, sauf la manière dont le possesseur avait été privé, cet interdit devait avoir la plus grande analogie avec le précédent.

c) Il en est de même de l'interdit *de precario* donné contre la personne qui refusait de rendre au propriétaire la chose qu'elle avait reçue par suite de précaire[5].

Ainsi, à chacun des vices de la possession, la violence, la clandestinité, le précaire, correspondait un interdit destiné à faire restituer la possession injustement obtenue.

[1] Inst., 4, 15, 6.
[2] Inst., ibid.
[3] D. 43, 16, 1, pr.
[4] D. 10, 3, 7, 5.
[5] D. 43, 26.

3° Enfin les principaux interdits *retinendæ possessionis*, les seuls dont il soit fait mention dans les Institutes de Justinien, sont les interdits *uti possidetis* et *utrubi*, dont nous allons nous occuper plus particulièrement.

CHAPITRE IV.

DES INTERDITS « RETINENDÆ POSSESSIONIS ».

Sous cette rubrique, nous étudierons d'abord ce qui s'applique aux deux interdits *uti possidetis* et *utrubi*, pour examiner ensuite séparément ce qui s'applique spécialement à chacun d'eux.

SECTION PREMIÈRE.

Caractères des interdits « retinendæ possessionis ».

Ce qui distingue surtout ces interdits, et ce qui permet d'en faire l'objet d'une étude spéciale, c'est qu'ils sont *doubles;* mais ce mot doit être pris ici dans un sens différent de celui que nous avons indiqué plus haut en parlant des interdits *quem fundum*, *quam hereditatem, quem usumfructum.* Ordinairement et dans les interdits *simples*, l'un des plaideurs est demandeur et l'autre défendeur; le seul résultat possible de l'instance est la condamnation ou l'absolution du défendeur; les conclusions des deux parties sont entièrement distinctes : l'une élève une prétention, l'autre repousse la demande intentée contre elle. Il en est différemment dans les interdits *doubles :* là, chacun des contestants joue à la fois le rôle de demandeur et de défendeur, la condition des deux parties est égale, l'une peut être condamnée aussi bien que l'autre : « *Ideo autem dupli-*

cia vocantur, quia par utriusque litigatoris in his conditio est, nec quisquam præcipue reus vel actor intelligitur; sed unusquisque tam rei quam actoris partes sustinet, quippe prætor pari sermone cum utroque loquitur[1], etc.»

Ce caractère de duplicité s'explique aisément dans les interdits *retinendæ possessionis;* chacune des parties prétend avoir la possession de l'objet en litige, chacune d'elles conclut également à y être maintenue et repousse la prétention de son adversaire; en conséquence, l'une peut être condamnée aussi bien que l'autre, s'il est vérifié qu'elle n'avait pas la possession.

L'interdit *recuperandæ possessionis* a une tout autre physionomie; il est simple, parce que l'intérêt des deux parties y diffère entièrement. Le demandeur conclut à être réintégré dans la possession qu'il avait autrefois et qu'il a perdue; il soutient que le défendeur est tenu de le rétablir dans sa position primitive; celui-ci se refuse à accomplir l'obligation qu'on veut lui imposer, et il est clair que c'est lui seul qui peut être condamné ou absous.

De l'égalité de position des parties dans les interdits doubles résultent des particularités remarquables de procédure que nous aurons à indiquer plus tard.

— Les interdits *retinendæ possessionis* sont *prohibitoires;* on appelle ainsi ceux par lesquels le préteur *défend* de faire quelque chose; les expressions finales de leur formule indiquent nettement ce caractère: *Vim fieri veto*, ou simplement *veto.* Les interdits *prohibitoires* s'opposent aux interdits *exhibitoires* et *restitutoires*

[1] Gaius, *Com.*, IV, 160; Inst., 4, 15, 7.

par lesquels le préteur ordonne d'*exhiber* ou de *restituer* une chose : *Exhibeas, restituas*[1].

SECTION II.

Des divers usages des interdits « retinendæ possessionis ».

— Les textes nous indiquent trois cas distincts dans lesquels on peut faire usage des interdits *uti possidetis* et *utrubi*. Nous allons successivement les examiner[2] :

1° Le possesseur a éprouvé un trouble dans sa possession, et il demande la réparation du dommage qu'il a subi. C'est à ce cas que fait allusion la deuxième partie de la formule de l'interdit *uti possidetis : « neque plu- « ris, quam quanti res erit, intra annum, quo primum « experiundi potestas fuerit, agere permittam*[3]. »

En effet, dans le passage qui vient d'être cité, le préteur précise le temps pendant lequel l'action en dommages-intérêts sera recevable, et quel sera le montant de l'indemnité qu'il accordera. Nous voyons à la loi 3, § 11, du même titre du Digeste (*uti possidetis*) que ces expressions de la formule *quanti res erit* avaient donné lieu à une controverse : Servius voulait que la condamnation fût égale au prix de la chose possédée elle-même; tel n'était pas l'avis d'Ulpien, qui décidait que l'indemnité devait être calculée d'après l'intérêt qu'avait le demandeur d'être en possession : opinion bien plus conforme à l'équité et à la raison que la précédente : *longe enim aliud est rei pretium, aliud possessionis.*

2° Le possesseur n'a point encore été troublé, mais il a de légitimes craintes de l'être; il réclame l'inter-

[1] Inst., 4, 15, 1 ; Gaius, IV, 142.
[2] V. Savigny, § 37.
[3] D, 43, 17, 1, pr.

vention du préteur pour se faire garantir d'un trouble imminent. Celui-ci prononçait alors son décret, *vim fieri veto*, et veillait à en assurer l'exécution par tel moyen qu'il jugeait convenable, par exemple au moyen d'une caution[1].

3° Les interdits *uti possidetis* et *utrubi* sont enfin présentés comme devant servir de mesure préparatoire à la revendication[2]. On donne les *interdits uti possidetis* et *utrubi*, disent les Institutes de Justinien, lorsque, dans une contestation sur la propriété d'une chose, on recherche préalablement lequel des plaideurs doit être possesseur, lequel demandeur. Car, si on n'a pas déterminé d'abord auquel des deux appartient la possession, il est impossible d'organiser l'action pétitoire, parce que, d'après la loi et la raison naturelle, il faut que l'un possède et que l'autre revendique contre lui. Et comme il est bien plus avantageux de posséder que de revendiquer, il y a presque toujours grande contestation sur la possession elle-même. L'avantage de la possession consiste en ce que, même quand la chose n'appartiendrait pas à celui qui possède, si le demandeur ne peut prouver qu'elle soit à lui, la possession reste à celui qui l'a. C'est pourquoi, en cas d'obscurité dans les droits de part et d'autre, l'usage est qu'on juge contre le demandeur[3].

Le besoin de fixer les rôles des plaideurs dans l'action en revendication, quand la possession elle-même était en question, s'était déjà fait sentir dans l'ancien droit et y avait fait introduire la solennité de la *manuum*

[1] Code, 8, 6, 1; Savigny, § 38, p. 459.
[2] Gaius, *Com.*, IV, 148; Inst., 4, 15, 4; D. 43, 17, 1, §§ 2 et 3.
[3] Inst., *loc. cit.*

consertio. Aulu-Gelle[1] nous apprend ce qu'était cette cérémonie : « *Manum conserere est, de qua re disceptatur, in re præsenti, sive ager, sive quid aliud est, cum adversario simul manu prendere, et in ea re omnibus verbis vindicare.* »

On sait qu'à l'époque des actions de la loi, la procédure de la revendication se composait d'un combat simulé entre les parties[2]. Chacune d'elles revendiquait à son tour l'objet du litige, le saisissait de la main, le disputait à son adversaire : le rôle des deux plaideurs était égal, et il n'y avait encore ni demandeur ni défendeur, parce que personne n'était regardé comme possesseur.

Alors intervenait le magistrat, qui ordonnait aux parties de cesser cette lutte feinte et de lâcher la chose revendiquée : *Mittite ambo hominem*[3], disait-il, lorsqu'il s'agissait d'un esclave. Ainsi les parties se trouvaient sur le pied de l'égalité la plus parfaite, et il appartenait au magistrat de la rompre en désignant celui qui aurait provisoirement la possession de l'objet en litige. « *Postea Prætor secundum alterum eorum vindicias dicebat, id est, interim aliquem possessorem constituebat, eumque jubebat prædes adversario dare litis et vindiciarum, id est, rei et fructuum*[4].

La possession provisoire n'était attribuée que moyennant une caution destinée à garantir la restitution de la chose et des fruits à l'adversaire qui viendrait à triompher : C'est ce qu'on appelait *prædes dare litis* (de l'objet en litige) *et vindiciarum* (des fruits perçus pendant la possession intérimaire).

[1] *Noct. att.*, XX, 10.
[2] Gaius, IV, 16 et 17.
[3] Gaius, ibid.
[4] Gaius, ibid.

Les rôles étant ainsi déterminés par l'attribution de la possession à l'une des parties, la procédure de la revendication pouvait suivre son cours.

Telles étaient les cérémonies de l'ancien droit que les interdits *retinendæ possessionis* avaient eu pour but de remplacer dans l'hypothèse dont nous nous occupons. On sera frappé de l'analogie qui existe entre les formalités que nous venons de décrire et la procédure des interdits *doubles*.

— Il nous reste à expliquer comment ce troisième cas d'application de nos interdits peut se rattacher à la notion que nous avons donnée des interdits possessoires, créés, avons-nous dit, pour venir en aide à la possession et la protéger contre tout trouble. Mais ici, où donc est le trouble? Et quand il ne s'agit que de distribuer les rôles dans l'instance sur la propriété, les mots *vim fieri veto* ne sont-ils pas absolument déplacés?

L'on peut sortir de cet embarras d'une façon satisfaisante à l'aide d'une fiction qui consiste à considérer la revendication comme constituant un trouble imminent pour le possesseur. Ainsi, ce troisième cas vient se confondre avec le second quant à son point de départ, et dans l'un comme dans l'autre, le demandeur s'adressait au magistrat dans le but de se faire mettre à l'abri du trouble qui le menaçait, et pour se faire maintenir dans les avantages résultant de la possession, parmi lesquels le plus important, sans doute, au moment d'un procès en revendication, était de conserver le rôle de défendeur, et d'être par là dispensé de toute preuve.

SECTION III.

Des conditions requises pour l'exercice des interdits « retinendæ possessionis ».

1° Il fallait d'abord avoir la possession proprement dite, c'est-à-dire se composant seulement, comme nous l'avons indiqué, du fait de la détention joint à la volonté de posséder pour soi. Mais l'élément de la bonne foi n'y était nullement requis : *Justa enim, an injusta adversus cæteros possessio sit, in hoc interdicto nihil refert*, nous dit Paul en parlant de l'interdit *uti possidetis; qualiscumque enim possessor, hoc ipso, quod possessor est, plus juris habet quam ille qui non possidet*[1].

Il fallait en outre que la possession fût exempte de certains vices, c'est-à-dire qu'elle n'eût commencé *nec vi, nec clam, nec precario*; cela est expressément indiqué dans la formule de l'interdit *uti possidetis*[2]; cependant les mots *alter ab altero*, qui y sont insérés, indiquent que ces vices sont purement relatifs, c'est-à-dire qu'ils ne rendent la possession inefficace que vis-à-vis de celui à l'égard duquel ils existent[3]. J'ai enlevé à Primus, *vi, clam* ou *precario*, une chose dont il était en possession; cette circonstance ne m'empêchera pas d'exercer l'interdit contre *Secundus* et tous autres : *Adversus extraneos vitiosa possessio prodesse solet*[4]. On ne pouvait imposer l'obligation de respecter la possession d'un adversaire à celui que cet adversaire lui-même avait dépouillé par violence, clandestinement, ou en abusant

[1] D. 43, 17, 2.
[2] D. 43, 17, 1, pr.
[3] D. 41, 2, 53.
[4] D. 41, 2, 53.

d'un pacte de précaire. Mais peu importait l'atteinte portée aux droits d'un tiers étranger à la contestation.

Faisons remarquer ici, à propos des expressions *vi* et *clam*, que le fait seul de se *maintenir* par la violence ou clandestinement dans une possession acquise d'ailleurs légalement, ne suffit pas pour la vicier : *non enim ratio obtinendæ possessionis, sed origo nanciscendæ exquirenda est*[1].

Ce que nous venons de dire de la possession exigée pour agir, s'applique aussi bien à l'interdit *utrubi* qu'à l'interdit *uti possidetis*. On a voulu cependant induire du silence de la formule de l'interdit *utrubi* que les exceptions *vi, clam* et *precario* ne lui étaient pas applicables[2], mais le contraire résulte du texte du § 4 des Institutes (*De interdictis*, IV, 14). Gaïus est aussi formel dans le même sens.

2° La seconde condition nécessaire pour l'exercice des interdits *retinendæ possessionis* est l'existence du trouble : On doit entendre par là tout acte qui empêche la libre jouissance du possesseur, contre le gré de ce dernier. Les textes nous apprennent qu'il y a trouble suffisant pour l'application de l'interdit *uti possidetis*, quand on empêche le possesseur de bâtir sur son terrain[3], quand un tiers vient semer dans le fonds du possesseur, le creuser, le labourer ou y bâtir[4] ; quand le locataire empêche le propriétaire de réparer sa maison[5] ; quand le voisin du possesseur a fait passer des ceps de vigne du fonds de ce dernier dans le sien et les a ma-

[1] Dig. 43, 16, 1, 28 ; 41, 2, 6, pr.
[2] Savigny, § 39, *in fine*, p. 472.
[3] D. 43, 17, 3, 2.
[4] D. 43, 16, 11.
[5] D. 43, 17, 3, 3.

riés à ses arbres[1], ou quand il a fait avancer la charpente de sa toiture sur la maison du possesseur[2]. Dans toutes ces circonstances, on empêche le possesseur de jouir à son gré, et cela suffit pour qu'il y ait trouble dans le sens de l'interdit.

Il importe peu pour la responsabilité du défendeur que le trouble ait été occasionné par lui-même en personne, par un mandataire, quelqu'un de sa famille ou de ses esclaves; qu'il ait été la cause de l'événement, ou bien qu'il l'ait simplement ordonné ou même ratifié : il subira l'effet de l'interdit, nonobstant toutes ces distinctions[3].

De simples menaces verbales ne constitueraient pas un trouble assez sérieux pour l'exercice de l'interdit, et donneraient plutôt lieu à l'*actio injuriarum*[4]. C'est également à d'autres actions qu'il faudrait recourir dans le cas où le possesseur serait inquiété par une personne qui n'aurait aucune prétention à la possession[5], car il ne faut pas perdre de vue que les interdits dont nous parlons ont pour but de terminer les contestations qui s'élèvent au sujet de la possession, et non de réprimer toute voie de fait exercée dans une intention malicieuse et sans que son auteur allègue un droit en sa faveur.

Nous ne saurions trop insister sur ce dernier point; il est essentiel pour l'usage de l'interdit *retinendæ possessionis* qu'il y ait débat sur la possession, et on pourra l'intenter quelle que soit la nature ou l'intensité du trouble, pourvu qu'il en résulte clairement que son au-

[1] D. 43, 17, 3, 4.
[2] D. 43, 17, 3, 9.
[3] D. 43, 16, 1, 13 et sv.
[4] Arg. D. 4, 2, 9, pr.; 19, 1, 25; Voët, *Com. ad Pand.*, 43, 7, § 3.
[5] D. 47, 10, 13, 7.

teur conteste la libre jouissance du possesseur. Le plus souvent, sans doute, la prétention de l'adversaire se manifestera par un acte de la nature de ceux que nous avons décrits, mais quand bien même l'ordre matériel n'aurait pas encore subi d'atteinte, l'intervention du préteur n'en serait pas moins nécessaire pour prévenir des actes de violence imminents : *vim fieri veto.* Cette idée que la *contentio possessionis* est l'élément du trouble est clairement indiqué par Ulpien : *Hoc interdictum* sufficit *ei qui ædificare in suo prohibetur :* etenim videris mihi possessionis controversiam facere, *qui prohibes me, uti meâ possessione.* Et ailleurs : *Sed si inter ipsos* contendatur, uter possideat, *quia alteruter se magis possidere adfirmat : tunc, si res soli sit, in cujus possessione contenditur, ad hoc interdictum remittentur*[1].

Pothier et Mühlenbruch s'expriment dans le même sens : *Patet huic interdicto locum esse, quoties inter duos controvertitur uter possideat*[2].

De quonam autem injuriæ genere conqueratur actor, per se quidem nihil refert..... Nam eo utique continetur hujus interdicti fundamentum, quod inter adversarios sit de possessione certamen[3].

3° Il fallait enfin que le trouble n'ait pas eu pour résultat d'enlever entièrement au demandeur sa possession, car dans ce cas il eût fallu recourir à l'interdit *recuperandæ possessionis*, et non à celui dont nous nous occupons pour le moment : *Est igitur hoc interdictum, quod vulgo uti possidetis appellatur, retinendæ possessionis : nam*

[1] D. 43, 17, l. 3, § 2, et l. 1, § 3.
[2] Pothier, *Pandectes*, 43, 17, § 11, n° 5.
[3] Mühlenbruch, *Doct. Pand.*, § 239.

hujus rei causa redditur ne vis fiat ei qui possidet: et consequenter proponitur post interdictum unde vi: illud enim restituit vi amissam possessionem, hoc tuetur ne amittatur possessio... etc. [1]

SECTION IV.

Des effets des interdits « retinendæ possessionis ».

Nous avons dit que le mot *interdit* pouvait être pris dans deux sens différents; il s'entend d'abord de l'ordre ou de la défense prononcée par le préteur; l'effet de l'interdit interprété de cette manière pouvait être de faire cesser immédiatement la contestation si l'une des parties reconnaissait qu'elle n'avait pas la possession nécessaire pour triompher dans l'instance.

Mais nous avons plus particulièrement à nous occuper des effets de l'instance organisée après la violation du décret du préteur.

La mission du juge chargé de terminer la contestation possessoire était principalement de prononcer sur la possession et de l'attribuer à celle des deux parties qui paraissait l'avoir: *Exitus controversiæ hic est tantum, ut prius pronunciet judex, uter possideat* [2].

Cette décision du juge se confondait dans le système formulaire avec les condamnations pécuniaires qu'il avait à prononcer à la suite des diverses gageures par lesquelles l'instance était engagée, gageures qui, en matière d'interdits, avaient un caractère sérieux et ne servaient pas seulement, comme ailleurs, à entamer le procès. Voilà sans doute pourquoi Ulpien, qui écrivait sous le système formulaire, a pu dire comme nous ve-

[1] D. 43, 17, 1, 4.
[2] D. 41, 2, 35.

nons de le voir : *Exitus controversiæ hic est* tantum *ut prius pronunciet judex uter possideat.*

Mais depuis la procédure extraordinaire, les interdits étant complétement assimilés aux actions, le juge fut sans doute chargé de statuer directement sur les dommages-intérêts dus au possesseur en réparation du trouble essuyé par lui.

L'on ne peut douter en effet que l'un des résultats des interdits *retinendæ possessionis* n'ait été la réparation du dommage causé. *Venit adhuc in hoc interdicto, ut qui turbavit possessorem quanti ea res est, condemnetur* [1].

Nous avons déjà vu à plusieurs reprises que, par suite de l'égalité de position des parties, le demandeur pouvait être condamné aussi bien que le défendeur. Pour triompher, il suffisait d'avoir eu la possession avec les qualités exigées par la loi. Cependant il pouvait arriver que le défendeur l'emportât, bien qu'il n'eût pas été possesseur, s'il parvenait à établir que son adversaire lui avait enlevé la possession *vi*, *clam* ou *precario*. Nous savons que l'interdit n'avait alors pas d'efficacité en faveur du demandeur, que celui-ci ne pouvait être maintenu dans sa possession vicieuse, qu'il devait perdre son procès [2]. Mais il faut aller plus loin encore et décider que, dans cette hypothèse, le défendeur devait être mis en possession. Ce résultat était, il est vrai, contraire à la notion de l'interdit *retinendæ possessionis*, puisqu'il consistait, non pas à faire conserver la possession à celui qui l'avait en réalité, mais à l'attribuer à celui qui en avait été dépouillé. Sans doute, celui-ci devait

[1] Pothier, *Pand.*, 43, 17, § 5.

[2] Gaius, *Com.*, IV, § 150; Inst., IV, 15, § 4; D. 43, 17, 1, § 9.

employer contre son adversaire un interdit *recuperandæ possessionis*, et il semble que c'est par cette voie seulement qu'il pouvait rentrer dans sa possession. Mais s'il ne l'avait pas fait, si, au lieu d'actionner son adversaire, il s'était laissé prévenir par lui, le juge devait-il renvoyer les deux rivaux sans décision ? Cela ne se pouvait pas, car, d'une part, il fallait terminer le différend, de l'autre, l'équité ordonnait d'adjuger la possession à celui auquel elle compétait, et quoique une pareille façon d'agir ne soit pas rigoureusement conforme à la destination de l'interdit, elle paraît être autorisée par les textes. En effet, la loi 3 pr. au titre de l'interdit *uti possidetis* prévoit formellement ce cas : *Si a me possides, superior sum interdicto :* si vous m'avez enlevé la possession (*vi aut clam*), je dois l'emporter sur vous au moyen de l'interdit. Ce passage suppose clairement que c'est celui auquel la possession a été enlevée qui obtient la victoire par l'interdit *uti possidetis* dont il est question, ce qui est précisément notre cas [1].

C'est sans doute au moyen d'une de ces fictions, auxquelles le préteur avait si souvent recours, qu'il légitimait sa manière d'agir dans la dernière hypothèse que nous venons d'indiquer : le défendeur, quoique ne détenant pas en réalité, pouvait être jusqu'à un certain point considéré comme possédant encore, en vertu de ce principe émis par Ulpien : *Si quis vi de possessione dejectus sit, perinde haberi debet ac si possideret* [2]. Ainsi l'on pouvait dire avec quelque justesse que le défendeur était *maintenu* en possession.

[1] Savigny, § 37, *in fine*, p. 454.
[2] D. 41, 2, 17, pr.

CHAPITRE V.

SPÉCIALITÉS SUR L'INTERDIT « UTI POSSIDETIS ».

SECTION PREMIÈRE.

Des objets auxquels il s'applique.

Ce qui a été dit dans le chapitre précédent concerne à la fois les interdits *uti possidetis* et *utrubi*, et si nous leur avons quelquefois appliqué, à tous deux, des textes tirés du titre de l'interdit *uti possidetis*, c'est que ce dernier est le plus important et pour ainsi dire le type sur lequel l'autre est venu se former.

Le § 4 *in fine*, Inst., *De interdictis*, nous apprend que ces deux interdits ont été assimilés dans leurs effets quant à la possession, et qu'ils ne diffèrent plus entre eux que par leur objet.

De cette différence naissent quelques règles particulières qu'il nous reste à faire connaître.

L'interdit *uti possidetis* a été créé pour protéger la possession des choses immobilières. En voici la formule :

« *Uti eas ædes, quibus de agitur, nec vi, nec clam, nec* « *precario alter ab altero possidetis, quo minus ita possi-* « *deatis, vim fieri veto. De cloacis hoc interdictum non* « *dabo : neque pluris quam quanti res erit, intra annum,* « *quo primum experiundi potestas fuerit, agere permit-* « *tam* [1]. »

Cette formule ne parle que des édifices, *ædes*, mais le § 8 de la même loi [2] nous apprend que la portée

[1] D. 43, 17, 1, pr.
[2] D. 43, 17, 1, 8.

de l'interdit s'étendait à la possession de tous les immeubles : Gaius[1] et Justinien[2] sont formels dans le même sens et parlent indifféremment de la possession *fundi vel œdium.*

La loi 4 du même titre va encore plus loin, et permet d'employer notre interdit pour la quasi-possession de l'usufruitier et de l'usager. Cette extension est un peu hardie, puisque l'usufruitier et l'usager détiennent pour autrui, n'ont pas la possession et par conséquent ne se trouvent pas strictement dans les conditions requises pour agir au possessoire : aussi l'interdit prend-il dans cette hypothèse la qualification d'interdit *utile*, comme nous l'apprend le passage suivant des *Fragmenta vaticana : Si usufructu legato, legatarius fundum nanctus sit, competit* utile *interdictum adversus eum, quia non possidet legatum, sed potius fruitur. Inde et interdictum uti possidetis* utile *hoc nomine proponitur* (§ 98).

Les conditions exigées pour l'application de l'interdit *uti possidetis*, lorsqu'il s'agit de possession, le sont également *mutatis mutandis* pour la *quasi-possessio juris.* Les caractères de la quasi-possession devront exister de la même manière, c'est-à-dire se composer de l'acte matériel qui consistera dans la jouissance du fonds, et de l'*animus possidendi* appliqué au droit, sinon au fonds lui-même. Le demandeur devra établir qu'il a été troublé dans l'exercice de sa quasi-possession.

L'interdit *uti possidetis* sera applicable aux contestations qui naîtraient pour la quasi-possession :

a) Entre plusieurs usufruitiers d'un même fonds, *b*) entre l'usufruitier et le possesseur du fonds; *c*) entre

[1] *Com.*, IV, p. 149 et 150.
[2] Inst., 4, 15, 4.

l'usufruitier et un tiers qui viendrait le troubler ; *d*) entre l'usufruitier et l'usager du même fonds [1].

La grande analogie qu'avait le droit d'habitation avec l'usufruit et l'usage permet, sans nul doute, de le mettre sur la même ligne que ces derniers quant à l'emploi de l'interdit *uti possidetis*.

Cet interdit s'appliquait-il également à la quasi-possession des servitudes réelles ? La solution de cette question nécessite quelques distinctions.

Les servitudes réelles se divisent en servitudes *positives*, *quæ in faciendo*, et servitudes *négatives*, *quæ in non faciendo consistunt*.

Pour les servitudes positives, l'on peut faire une sous-distinction : en effet, l'exercice des unes suppose un fait propre et indépendant de la possession de l'immeuble sur lequel il s'accomplit : par exemple, *jus itineris*, *actus*, *viæ*, *aquæ hauriendæ*. L'acte matériel nécessaire pour fonder la quasi-possession ne se produit que par intervalles, puisqu'il exige le fait de l'homme : aussi dit-on que ces servitudes sont *discontinues*.

Les autres, au contraire, nécessitent un rapport permanent et immédiat avec un immeuble, et l'idée de leur quasi-possession ne saurait être séparée de l'idée de la possession du fonds qu'elles affectent : elles sont *continues*. Telle est la servitude *tigni immittendi*.

Les servitudes positives discontinues étaient protégées par des interdits créés spécialement en leur faveur : *de itinere actuque privato*, *de rivis*, *de fonte*, etc. La jouissance de ces droits étant d'une nature toute particulière, par suite de l'intermittence des actes par lesquels ils s'exercent, il fut impossible de leur appli-

[1] Savigny, § 45, p. 545.

quer les formules des interdits généraux. Ainsi, il fut indispensable de régler d'une manière toute spéciale les conditions d'existence de la possession du droit de passage dont l'on n'use que par intervalles. Da là l'insuffisance de l'interdit *uti possidetis* et des autres interdits ordinaires.

Il en est différemment des servitudes positives continues et des servitudes négatives qui toutes sont aussi nécessairement continues. Les unes comme les autres se lient étroitement à la possession de l'immeuble lui-même, dont elles constituent une manière d'être, une qualité spéciale[1]. Par exemple, le droit de placer des poutres dans le mur d'autrui, ou bien d'empêcher son voisin d'exhausser ses constructions, ne sont, à proprement parler, qu'une modification de la possession d'un édifice, et le trouble apporté à l'exercice de ces servitudes affecterait en même temps la jouissance de la chose principale. Il n'était donc pas besoin de formules particulières pour garantir le libre usage de ces droits, auxquels l'interdit *uti possidetis* et les autres interdits possessoires ordinaires pouvaient s'adapter entièrement, avec cette réserve qu'ils sont donnés utilement. « *Sed et interdictum uti possidetis poterit locum habere,* nous dit Paul, *si quis prohibeatur* qualiter velit *suo uti*[2]. »

Ce n'est donc qu'exceptionnellement et surabondamment, ou bien pour introduire des modifications aux conditions générales de la possession, que des interdits spéciaux ont été créés pour protéger les servitudes continues. Pour ce qui concerne la servitude *cloacæ mit-*

[1] D. 50, 16, 86.
[2] D. 8, 5, 8, 5.

tendæ, c'est-à-dire le droit de conduire un égout par la maison ou le fonds du voisin, non-seulement un interdit particulier a été introduit dans le but d'en assurer le curage, la réparation et la reconstruction, mais encore le préteur, dans la formule de l'interdit *uti possidetis*, annonce d'une manière expresse qu'il ne donnera pas ce dernier interdit pour cet usage.

C'est là une exception qui ne fait que confirmer la règle.

L'exercice du *jus cloacæ mittendæ*, comme celui de toutes les servitudes continues, semblait ne pas devoir être séparé de la possession du bâtiment ou du fonds dans lequel l'égout était placé; cependant, dans l'intérêt de la salubrité publique, l'on crut devoir se montrer moins sévère que d'ordinaire pour les conditions de la possession des égouts, afin que des discussions de droit ne viennent pas retarder leur entretien et leur nettoiement. C'est pour cette raison que l'interdit *de cloacis* ne renferme pas comme les autres les exceptions *vi*, *clam* et *precario* : « *Ut etiam si quis talem* « *usum habuerit, tamen non prohibeatur volens cloacam* « *reficere vel purgare..... quia cloacarum refectio et* « *purgatio ad publicam utilitatem spectare videtur*[1]. »

— Nous apprenons, par la formule de l'interdit *uti possidetis*, qu'il n'était plus admissible après un an à partir du jour où l'on avait pu agir. Passé ce délai, l'exception de prescription pouvait être opposée par le défendeur aux fins de paralyser l'exercice de l'interdit.

[1] D. 43, 23, 1, 7; Savigny, § 46.

SECTION II.

Des personnes qui peuvent exercer l'interdit « uti possidetis ».

En exposant les conditions de l'exercice des interdits *retinendæ possessionis*, il a été déjà dit que la possession exempte de vices était le premier élément nécessaire pour agir utilement. Cette notion demande à être complétée pour chaque interdit en particulier. Dans l'interdit *uti possidetis*, il fallait justifier de sa possession au moment du trouble, et, peut-on ajouter, de l'introduction de l'instance, puisque le trouble ne devait pas avoir eu pour effet de faire perdre la possession.

Cette nécessité de justifier de sa possession élimine tous ceux qui détiennent pour autrui. Tels sont les dépositaires, commodataires, locataires, colons, les envoyés en possession des biens des débiteurs pour la conservation du gage commun [1].

L'usufruitier qui peut exercer l'interdit pour la conservation de son droit, ne le peut pour celle du fonds dont il n'a pas possession.

Au surplus, celui qui détient pour autrui n'a pas besoin d'une protection particulière; il lui suffit, en cas de trouble, de recourir au véritable possesseur pour invoquer sa protection contre toute atteinte étrangère. Cependant, dans quelques cas limitativement déterminés, le détenteur pour autrui a le droit d'user personnellement de l'interdit. Cela vient de ce que, par exception, la transmission de la détention entraîne ou peut entraîner, dans certaines limites et à certains points de vue, celle de la possession, sans que le transmettant

[1] D. 43, 17, 3, § 8; Pothier, *Pand.*, 43, 17, § 4, n° 12.

ait l'intention de se dessaisir de la propriété; cela a lieu dans l'emphytéose, le gage, le dépôt et le précaire.

1° Dans l'emphytéose, c'est l'emphytéote qui a la possession du fonds et, par suite, l'exercice des interdits possessoires, bien qu'il reconnaisse constamment le droit du *dominus emphyteuseos* et qu'il le manifeste par le paiement périodique d'une redevance [1]. Mais il serait difficile d'expliquer d'une manière satisfaisante pourquoi l'emphytéote n'a pas, ainsi que l'usufruitier, une simple *quasi-possessio juris*.

2° Les textes reconnaissent également la qualité de possesseur au créancier gagiste [2]. Mais par une particularité remarquable que justifient d'ailleurs la situation et l'intention des parties, quoique le créancier gagiste ait droit aux interdits, le débiteur ne continue pas moins à usucaper; ainsi les prérogatives de la possession se partagent entre deux personnes.

3° Le dépositaire qui, en règle générale, n'est pas considéré comme possesseur [3], puisqu'il détient pour autrui, peut l'être exceptionnellement, par suite d'une convention expresse des parties, dans le cas de séquestre [4].

4° A l'inverse, le pacte de précaire transmet habituellement la possession à celui qui reçoit la chose [5]; mais les parties peuvent écarter cet effet par une convention expresse [6].

Dans ces cas exceptionnels, le détenteur, considéré

[1] D. 2, 8, 15, 1.
[2] D. 41, 3, 16; 13, 7, l. 35, 1, et l. 37.
[3] D. 41, 2, 3, 20.
[4] D. 41, 2, 39; 16, 3, 17, 1.
[5] D. 43, 26, 4, 1.
[6] D. 41, 2, 10, 1.

comme ayant la possession à l'égard des tiers, sinon à l'égard de celui qui la leur a transmise, peut exercer l'interdit *uti possidetis*, ainsi que le dit Pomponius au sujet du précaire : *Qui precario fundum possidet, is interdicto uti possidetis adversus omnes, præter eum quem rogavit, uti potest*[1].

— En droit romain, contrairement à ce qui a lieu en droit français, celui qui a déjà intenté l'action en revendication peut néanmoins exercer l'interdit ; le cumul du possessoire et du pétitoire n'était pas prohibé. *Nihil commune habet proprietas cum possessione. et ideo non denegatur ei interdictum uti possidetis qui cœpit rem vindicare : non enim videtur possessioni renuntiasse, qui rem vindicavit*[2].

— Quant à la capacité personnelle qui doit être exigée pour l'exercice de l'interdit, nous nous en référons aux règles ordinaires du droit romain, règles dont le développement sortirait des limites de notre cadre.

SECTION III.

Des personnes contre lesquelles on peut exercer l'interdit « uti possidetis. »

L'interdit dont nous parlons ne peut être exercé que contre l'auteur du trouble, en donnant toutefois à cette expression l'extension déterminée plus haut[3], c'est-à-dire en considérant comme auteur du trouble celui qui l'a fait commettre ou qui l'a ratifié : c'est lui seul qui élève la contestation sur la possession, et qui est lié vis-à-vis du possesseur par le lien de l'obligation personnelle *ex delicto*.

[1] D. 43, 26, 17.
[2] D. 41, 2, 12, § 1 ; Pothier, *Pand.*, 43, 17, § 2.
[3] P. 39.

Mais l'héritier de l'auteur du trouble ne peut être recherché par l'interdit *uti possidetis*. C'est ce qui résulte de la combinaison des deux textes suivants : .... *Neque pluris quam quanti res erit*, intra annum.... *agere permittam* [1]. Cet interdit ne peut être exercé que pendant un an à partir du trouble : or, toute action qui est circonscrite dans ce délai ne peut atteindre l'héritier de la personne obligée : *Honorariæ autem (actiones) quæ post annum non dantur*, nec in hæredem dandæ sunt : *ut tamen lucrum ei extorqueatur, sicut fit in actione doli mali, et interdicto unde vi, et similibus* [2].

Au reste, il est de principe en droit romain que l'action naissant d'un délit ne peut s'exercer contre l'héritier [3], si ce n'est toutefois *propter quod ad eum pervenit;* de là, l'exception admise pour l'interdit *unde vi*, au moyen duquel l'héritier pouvait être recherché s'il avait profité de la *dejectio*.

CHAPITRE VI.

SPÉCIALITÉS SUR L'INTERDIT UTRUBI.

La formule de cet interdit était ainsi conçue : *Utrubi hic homo, quo de agitur, majore parte hujusce anni fuit, quominus is eum ducat, vim fieri veto* [4].

Cet interdit était destiné à protéger la possession des meubles, soit en prévenant le trouble, soit en faisant obtenir réparation de celui qui avait été éprouvé, soit enfin en fixant les rôles pour l'instance pétitoire : de la

[1] D. 43, 17, l. 1, pr.
[2] D. 44, 7, 35, pr.
[3] D. 50, 17, l. 38 et l. 44.
[4] D. 43, 31, 1, pr.

même manière, en un mot, que l'interdit *uti possidetis* lorsqu'il s'agissait d'immeubles.

Il ne s'appliquait pas seulement aux *esclaves*, ainsi qu'il paraîtrait résulter de la formule, mais à toute espèce de biens meubles; en effet, Gaïus [1] et Justinien [2] parlent indifféremment *rerum mobilium*.

L'analogie qui existait entre l'interdit *uti possidetis* et l'interdit *utrubi* permet de croire, malgré le silence des textes, que celui-ci pouvait s'appliquer à la quasi-possession des meubles incorporels [3].

— Deux périodes historiques doivent être soigneusement distinguées dans l'étude de l'interdit *utrubi*.

Dans une première période, ce n'était pas, comme pour l'interdit *uti possidetis*, celui qui possédait au moment du trouble qui pouvait prétendre à la protection du préteur, mais bien celui qui avait possédé pendant la plus grande partie de l'année qui venait de s'écouler. La formule fait encore mention de cette condition. Cette expression, *la plus grande partie de l'année*, doit être entendue relativement, et s'interpréter par la loi 156 *de verborum significatione* [4] : « *Majore parte anni possedisse quis intelligitur, etiam si duobus mensibus possederit : si modo adversarius ejus aut paucioribus diebus aut nullis possederit.* »

Ainsi donc une possession de quelques jours, alors que celle de l'adversaire avait été plus courte, pouvait suffire pour assurer gain de cause dans l'interdit *utrubi*.

La longueur du temps pendant lequel on a possédé

[1] *Com.* IV, §§ 149 et 150.
[2] Inst. 4, 15, 4.
[3] Savigny, § 45.
[4] D. 50, 16.

étant prise en considération dans l'interdit *utrubi*, il s'en suit que l'accession de la possession d'une personne à celle de son auteur y acquiert une importance qu'elle n'a pas dans l'interdit *uti possidetis*, où l'on ne considère que le fait actuel de la possession. C'est ce que Gaïus [1] a soin de faire remarquer.

Ici se présente une difficulté analogue à celle qui a été vue plus haut [2].

Lorsque celui des deux plaideurs qui avait possédé pendant la plus grande partie de l'année était en même temps possesseur actuel, l'interdit *utrubi* fonctionnait bien pour lui en qualité d'interdit *retinendæ possessionis*; mais le contraire pouvait aussi se présenter, lorsque celui qui avait eu la *possessio majoris partis anni* n'était plus en possession au moment de l'introduction de l'instance : dans ce cas là, il s'agissait pour lui de recouvrer une possession perdue, et non pas de conserver la possession, puisqu'il ne l'avait plus, et par conséquent il semble que l'on aurait alors dû considérer l'interdit *utrubi* comme appartenant à la classe des interdits *recuperandæ possessionis*. Cependant les jurisconsultes ne font aucune différence entre les deux cas, et l'interdit *utrubi* est toujours classé indifféremment dans la catégorie des interdits *retinendæ possessionis*.

Pour quiconque connaît les habitudes formalistes du droit romain, il paraît difficile d'admettre que l'on ait pu être autorisé à employer, pour recouvrer une possession perdue, un interdit institué à l'effet de conserver celle que l'on avait. Aussi a-t-on de tout temps essayé d'expliquer cette confusion apparente.

[1] *Com.*, IV, § 151.
[2] P. 42.

M. de Savigny[1], adoptant l'opinion d'un ancien auteur[2], enseigne que, dans le cas qui nous occupe, la possession de la *major pars anni*, quoique n'existant plus, doit être considérée comme possession actuelle, et que dès lors le demandeur est censé n'avoir jamais été dépossédé.

Une pareille fiction cadre trop avec les habitudes du préteur pour qu'on puisse contester le mérite de l'explication de M. de Savigny. Mais il est moins aisé d'indiquer comment il se fait que les jurisconsultes de l'ancienne Rome aient exigé une possession plus longue pour les meubles que pour les immeubles. Frappés sans doute de la facilité avec laquelle les meubles passent de main en main, ils ont voulu qu'une certaine durée de temps vînt en consacrer la possession et la rendre digne de protection : l'interdit fut donc accordé à la possession la plus longue. Mais la faveur qui résultait de cette longue possession ne pouvait être entièrement perdue par suite d'une dépossession momentanée, de là cette espèce de droit de suite créé pour les meubles, et accordé à celui qui en avait perdu la possession, pourvu qu'il l'eût eue pendant la majeure partie de l'année.

On sait que des idées inverses ont prévalu dans l'époque moderne. L'attention du législateur français a été attirée surtout par la difficulté de suivre les meubles dans leur circulation rapide et d'en constater l'identité : il a attaché à la possession instantanée d'un meuble une présomption presque toujours irréfragable de propriété. Ainsi, des observations à peu près analogues ont amené de part et d'autre des résultats opposés.

[1] § 39, p. 470.
[2] Wieling, *Fragm. edict. perpetui Franeq.*, 1733, 4, p. 325, 326.

L'interdit *utrubi*, alors même qu'il était employé pour recouvrer la possession, différait encore de l'interdit *recuperandæ possessionis* ordinaire, en premier lieu, en ce que l'expulsion violente n'y était pas une condition nécessaire, comme dans l'interdit *unde vi*, et en second lieu, en ce que celui-ci ne s'appliquait qu'aux immeubles, dans le droit ancien au moins, et l'interdit *utrubi* aux meubles seulement.

Le rapprochement de ces dernières circonstances a donné lieu de croire que l'interdit *utrubi* était sans doute employé dans la pratique comme remplaçant l'interdit *unde vi* pour se faire réintégrer dans la possession des choses mobilières enlevées avec violence, à condition toutefois d'agir assez à temps pour pouvoir invoquer la possession de la *major pars anni.*

On oppose à cette conjecture un passage d'Ulpien[1] dans lequel se trouvent limitativement énumérées trois actions qui pour les choses mobilières doivent remplacer l'interdit *unde vi.* Mais ces trois actions *furti*, *vi bonorum raptorum* et *ad exhibendum* n'étaient point destinées à protéger la possession comme telle, et par suite elles nécessitaient des conditions de droit que le simple possesseur ne pouvait pas remplir.

Il faut donc admettre, ou bien qu'il y avait une lacune, et que l'on n'accordait au possesseur d'un objet mobilier aucune action possessoire pour se le faire restituer par celui qui l'avait enlevé avec violence, ce qui n'est pas vraisemblable; ou bien, comme nous le disons plus haut, que l'interdit *utrubi* était efficacement employé à cet effet, jusqu'au moment où la transforma-

[1] D. 43, 16, 1, 6.

tion dont il va être question le rendit impropre à cet usage.

Une deuxième période s'ouvre pour l'interdit *utrubi* à une époque que l'on ne s'aurait préciser, mais qui se place dans l'intervalle du quatrième au sixième siècle après Jésus-Christ. En effet, le § 293 des *Fragmenta vaticana* nous prouve que le changement dont nous allons parler n'avait pas encore eu lieu sous les empereurs Dioclétien et Maximien, tandis qu'au contraire la législation de Justinien ne fait plus aucune mention de l'ancien état de choses. Ulpien, qui écrivait au troisième siècle après Jésus-Christ, ne peut donc pas être l'auteur du § 1 de la loi unique du titre *De utrubi*[1], car ce qu'il y dit n'est pas en harmonie avec la législation de son époque : ce passage est évidemment altéré par les compilateurs.

La modification que subit l'interdit *utrubi* consista en ce qu'il fut entièrement assimilé à l'interdit *uti possidetis* quant aux conditions de la possession; il devint dès lors indifférent d'avoir possédé pendant la plus grande partie de l'année, et celui-là l'emporta qui, au moment même de la contestation, avait la possession sans violence, clandestinité ni précaire à l'égard de son adversaire[2].

Nous nous sommes souvent autorisé de cette assimilation complète des deux interdits pour leur appliquer à chacun les mêmes règles : nous l'invoquerons encore ici pour dire que l'interdit *utrubi* ne pouvait être exercé que pendant un an à partir du trouble; si cela n'est pas mentionné dans la formule de cet inter-

[1] D. 43, 31.
[2] Inst. 4, 15, 4, *in ne.*

dit, c'est parce qu'elle se réfère à l'époque où il fallait encore justifier de la possession *majoris partis anni*, et que de cette nécessité résultait une déchéance au bout d'une année ; mais dans le droit nouveau, où il n'en est pas de même, il faut indubitablement appliquer à l'interdit *utrubi* la prescription annale de l'interdit *uti possidetis*.

— Depuis que la possession actuelle fut devenue une condition essentielle de l'interdit *utrubi*, il ne put plus suppléer l'interdit *unde vi* lorsqu'il s'agissait de meubles. Comment alors pouvait-on recouvrer la possession des choses mobilières? Ulpien nous apprend formellement que l'interdit *unde vi* ne se prêtait pas à cet usage [1]. Mais la législation postérieure n'aurait-elle pas innové à cet égard? N'arriva-t-on pas à appliquer l'interdit *unde vi* aussi bien aux meubles qu'aux immeubles?

L'on est suffisamment autorisé à répondre affirmativement par les constitutions de Valentinien, Théodose et Arcadius, insérées au Code [2] au titre *unde vi*, et dont le but paraît avoir été non-seulement de réprimer l'occupation violente *tant des meubles que des immeubles* [3], mais encore d'ordonner la restitution *des uns et des autres* au possesseur dépouillé. Ce dernier point suppose implicitement une extension peut-être déjà admise par la pratique de l'usage de l'interdit *unde vi* à la possession des choses mobilières [4].

[1] D. 43, 16, l. 1, p. 6, et l. 3, p. 15.
[2] L. 8, 4, 7.
[3] Inst. 4. 2, 1.
[4] Savigny, §. 40.

CHAPITRE VII.

DE LA PROCÉDURE DES INTERDITS « UTI POSSIDETIS » ET « UTRUBI. »

SECTION PREMIÈRE.

Système formulaire.

L'origine des interdits se place-t-elle sous le règne des actions de la loi? C'est un point qui est resté douteux, et sur lequel on en est réduit à des conjectures. Certainement, les intérêts que les interdits sont venus protéger, ont dû exister avant la création du système formulaire; mais y avait-il alors des moyens juridiques destinés à garantir ces intérêts? Aucun document n'en fait mention[1]. N'est-on pas porté à croire que le préteur, en cette matière comme en tant d'autres, a trouvé dans la pratique du droit une lacune importante, qu'il s'est efforcé de combler avec son habileté ordinaire? Quoi qu'il en soit, l'interdit, tel que nous le connaissons, appartient entièrement au préteur par la procédure que ce magistrat a introduite, le système formulaire.

Gaïus, après avoir exposé la nature des interdits, annonce qu'il se propose de faire connaître leur marche et leur issue[2]. Malheureusement cette partie du manuscrit ne nous est parvenue qu'avec de nombreuses lacunes, de sorte qu'on est parfois obligé de suppléer aux détails qui manquent sur la procédure des interdits doubles, par l'analogie qu'elle devait avoir, soit

[1] Zimmern, *Traité des actions ou théorie de la procédure privée chez les Romains*, § 72.

[2] Gaius, *Com.*, IV, 161.

avec celle des interdits simples, soit avec celle des actions ordinaires.

Ainsi que la procédure des actions, celle des interdits devait commencer par la *vocatio in jus : Utique enim in primis adversarius in jus vocandus est, ad eum qui jus dicturus sit*[1]. Dans l'ancien droit ce premier acte de la procédure était empreint d'une violence barbare. Le demandeur était autorisé à employer la force pour traîner devant le magistrat le défendeur récalcitrant, après avoir toutefois constaté par devant témoins le refus de celui-ci[2]. Cependant le défendeur pouvait se soustraire à l'obligation de suivre immédiatement son adversaire, soit en fournisant une caution (*vindex*), qui s'engageait à prendre le procès à sa charge[3], soit en transigeant immédiatement[4].

Mais avec le temps ces procédés s'étaient adoucis, et déjà sous le système formulaire, les voies de contrainte privée avaient disparu de la pratique pour la *vocatio in jus*, et fait place à l'autorité du magistrat. Celui-ci, pour forcer le défendeur à comparaître, eut recours à des moyens plus doux, tels que l'amende, la prise de gages, ou bien une *actio in factum* donnée contre le récalcitrant[5].

Le *vindex* pouvait dans cette période être remplacé par un simple *fidejussor judicio sistendi causâ*, qui n'était plus tenu de prendre le procès à sa charge, mais

[1] Inst., 4, 16, 3.
[2] Ire Table, § 1.
[3] Ire Table, § 4; Gaius, IV, 46 : *Qui in jus vocatus neque venerit, neque* vindicem *dederit.*
[4] Ire Table, § 5.
[5] Gaius, 4, 46; D. 2, 5, 2, 1; 25, 4, 1, 3; 2, 7, 5, 1.

qui répondait comme caution pécuniaire de la comparution du défendeur au jour fixé [1].

Si le défendeur était absent, la *vocatio in jus* ne pouvait avoir lieu, mais alors le demandeur pouvait obtenir la *missio in possessionem*, c'est-à-dire qu'il pouvait être envoyé en possession des biens de son adversaire [2]; cette mesure ne lui conférait nullement la possession juridique, mais créait simplement un droit de gage à son profit [3].

La règle *confessus pro judicato est* [4] reçoit tout aussi bien son application dans les interdits que dans les actions; pour les uns comme pour les autres, lorsque le défendeur, mis en présence du magistrat, reconnaît le droit du demandeur et fait l'aveu de son tort, la contestation est terminée; il n'est alors pas nécessaire que le préteur délivre la formule de l'action ou de l'interdit destinée à régler une instance qui n'aura pas lieu; il rend un ordre immédiatement obligatoire, et si le défendeur refuse d'y obtempérer, le magistrat, au lieu d'organiser un procès inutile, puisque le droit est clairement établi, peut faire emploi de la force pour assurer l'exécution de son décret [5].

Au contraire, s'il n'y avait ni reconnaissance ni aveu de la part du défendeur, le préteur prononçait l'interdit, qui devait faire la loi de la cause. Deux issues pouvaient encore avoir lieu. Ou bien la contestation cessait, si les parties se soumettaient à l'ordre qui leur avait été enjoint, ou bien la querelle continuait, et alors s'ensuivait

[1] D. 2, 6.
[2] D. 43, 29, 3, 14.
[3] D. 13, 7, 26.
[4] D. 42, 2, 1.
[5] D. 42, 2, 6. § 2.

une instance, pour l'organisation de laquelle les adversaires se présentaient devant le magistrat de la même manière qu'ils l'avaient déjà fait une première fois.

Là, par imitation de ce qui se passait dans l'action de la loi *per sacramentum*, les parties engageaient le procès en se provoquant l'une l'autre par des *sponsiones* et des *restipulationes* qui dans les interdits *uti possidetis* et *utrubi* étaient plus multipliées que partout ailleurs. Ces interdits étant doubles et les deux plaideurs y jouant simultanément le rôle de demandeur et de défendeur, il fallait que chacun d'eux, agissant tour à tour dans les deux qualités, stipulât d'abord comme demandeur puis restipulât comme défendeur, suivant un mécanisme que nous allons chercher à reproduire.

1° *Agerius*. Me promets-tu cent si tu as contrevenu à l'interdit en troublant ma possession?

Negidius. Je le promets.

2° *Negidius*. Me promets-tu cent si c'est à tort que tu m'accuses d'avoir contrevenu à l'interdit en troublant ta possession.

Agerius. Je le promets.

Tout serait terminé par cette sponsion et cette restipulation si l'interdit était simple, si Agerius (le demandeur) soutenait seul avoir eu la possession. Mais comme Negidius (le défendeur), avait la même prétention, il devait, prenant à son tour le rôle de demandeur, interroger Agerius et répondre à sa restipulation comme celui-ci venait de le faire. De cette manière la situation des deux parties était entièrement la même.

3° *Negidius*. Me promets-tu cent si, contrevenant à l'interdit, tu as troublé ma possession?

Agerius. Je le promets.

4° *Agerius.* Me promets-tu cent si c'est à tort que tu m'accuses d'avoir contrevenu à l'interdit en troublant ta possession?

Negidius. Je le promets.

— Mais ce n'est pas tout, car de cette égalité de position entre les parties résultait une nouvelle difficulté : à qui appartiendra la possession de l'objet litigieux durant l'instance? Et qui pendant ce temps aura la jouissance des fruits?

Le préteur, auquel il n'appartenait pas de juger le fond du litige et qui ne pouvait pas favoriser l'une des parties aux dépens de l'autre, mettait la possession intérimaire de la chose et la jouissance des fruits aux enchères, et l'adjugeait à celui qui en offrait le prix le plus élevé : il triomphait ainsi de la difficulté sans rompre l'égalité entre les deux plaideurs [1].

Le prix offert par l'adjudicataire dans la *fructuum licitatio* (c'est ainsi qu'on appelait cette enchère) ne représentait pas la valeur des fruits, car il ne s'agissait nullement d'une vente, mais d'une simple gageure par suite de laquelle celui des plaideurs qui l'avait emporté dans l'enchère (*qui fructus licitatione vicit*) s'engageait à payer à l'autre (*qui fructus licitatione victus est*), à titre de peine, telle somme, pour le cas où il serait reconnu que c'était injustement qu'il avait cherché à obtenir la possession intérimaire [2].

Ainsi, en supposant qu'Agerius l'ait emporté aux enchères, pour avoir offert cent, Negidius se garantissait le paiement de cette somme par une cinquième stipulation qui pouvait être ainsi formulée :

[1] Gaius, IV, 166 et 167.
[2] Gaius, IV, 167.

5° *Negidius.* Me promets-tu cent si c'est à tort que tu t'es fait adjuger la possession de la chose et la jouissance des fruits ?

Agerius. Je le promets.

Il va sans dire que le vainqueur aux enchères ne pouvait garder définitivement les fruits que s'il gagnait son procès : il fallait donc, pour prévoir l'hypothèse contraire, qu'il s'engageât à les rendre à son adversaire s'il y avait lieu, ce qui donnait lieu à une sixième stipulation (*fructuaria stipulatio*) qui pouvait être conçue comme il suit :

6° *Negidius.* Promets-tu de me rendre les fruits produits par la chose pendant l'instance, si c'est injustement que tu t'es fait attribuer la possession ?

Agerius. Je le promets.

— Enfin Gaius, qui ne parle que de *fructuaria stipulatio*, ne fait pas mention d'une stipulation qui, selon toute probabilité, devait être faite dans le but de garantir la restitution de la chose elle-même, si le *licitatione victor* venait à perdre son procès, à moins qu'elle n'ait été confondue avec la stipulation précédente comme cela avait lieu pour la procédure *per sponsionem*, dans laquelle on se garantissait par une seule stipulation la restitution tant de l'objet en litige que des fruits : *pro præde litis et vindiciarum*[1].

S'il n'en était pas ainsi, l'on avait une septième stipulation.

7° *Negidius :* Promets-tu de me rendre la chose si c'est injustement que tu t'en es fait attribuer la possession ?

Agerius. Je le promets.

[1] Gaius, IV, 94.

Cependant il était loisible au *licitatione victus* d'omettre ces deux dernières stipulations sans courir pour cela le danger de perdre la chose et les fruits qui lui étaient dus. En effet, on lui avait accordé deux actions particulières tendant à obtenir cette restitution : l'une dite *Cascellianum judicium*, sans doute du nom de son auteur, pour la chose elle-même, l'autre nommée *fructuarium judicium* pour les fruits. Ces actions étaient également appelées toutes deux *secutorium judicium*, parce qu'elles ne se donnaient qu'après le gain de la *sponsio : quod sequitur sponsionis victoriam*[1].

Il est probable que ces deux actions étaient *arbitraires*, c'est-à-dire que le juge, au moyen de l'adjonction dans la formule de ces mots : *nisi restituat*, recevait du magistrat le pouvoir de contraindre le défendeur par un *jussus* ou *arbitrium* à faire la restitution de la chose et des fruits[2]. On sait que par l'action arbitraire le préteur était arrivé à éluder ingénieusement les conséquences gênantes pour la pratique de ce principe que dans la procédure formulaire toute condamnation devait être pécuniaire[3] : Or, dans nos interdits surtout, plutôt que partout ailleurs, il était important pour le vainqueur d'obtenir la restitution de la chose elle-même plutôt qu'une somme d'argent allouée comme indemnité.

Toutes ces stipulations réciproques étant terminées, le magistrat pouvait dresser aux parties une formule d'action par laquelle il indiquait au juge sa mission. Cette formule était calquée sur les stipulations que nous

[1] Gaius, IV, § 168 et 169.
[2] Gaius, IV, 163.
[3] Gaius, IV, 48.

venons de voir, et le juge avait à se prononcer sur chacune d'elles.

Pour la première et la quatrième, la formule pouvait être rédigée à peu près comme il suit :

« *Si paret N. Negidium Aulo Agerio centum dare* « *oportere, judex N. Negidium A. Agerio centum con*-« *demna, ni paret, absolve.* »

Pour les seconde, troisième et cinquième stipulation, la formule pouvait être la même en intervertissant l'ordre des noms :

« *Si paret A. Augerium Negidio, etc.* »

Et les deux dernières :

« *Si paret A. Agerium fructus* (*ou rem*) *N. Negidio* « *dare oportere, judex A. Agerium N. Negidio quanti* « *ea res erit condemna, nisi restituat, ni paret absolve.* »

Munies de leurs formules, les parties se rendaient soit devant un juge, soit devant les récupérateurs, suivant l'assignation donnée par le préteur[1].

L'on pourrait croire, après avoir vu toutes les stipulations et restipulations et ces formules si nombreuses, que le rôle du juge devait être très-compliqué et sa mission fort difficile. Cependant cette complication n'est qu'apparente, et en allant au fond des choses, on peut se convaincre aisément que la solution de toutes ces questions n'exige l'examen que d'un seul point sur lequel roule toute l'instance : quel est celui des deux plaideurs qui avait la possession avec les qualités exigées par l'interdit du préteur? La réponse à cette question termine toutes les complications de la cause, car elle porte en elle le germe de la décision et de la sentence

[1] Caius, IV, 141.

du juge, des condamnations et absolutions multiples qu'il devra prononcer contre les deux parties.

Effectivement, admettons qu'à la suite des stipulations établies plus haut, où nous avons supposé Agerius vainqueur aux enchères de la possession intérimaire, Negidius ait été reconnu véritable possesseur.

Il suivrait de là :

1° Qu'Agerius a injustement accusé Negidius d'avoir troublé sa possession; donc, condamnation d'Agerius pour la seconde stipulation;

2° Que c'est au contraire Agerius qui a contrevenu à l'interdit en troublant Negidius; condamnation d'Agerius pour la troisième stipulation;

3° Que c'est à tort qu'Agerius s'est fait adjuger la possession intérimaire; condamnation d'Agerius pour la cinquième stipulation;

4° Qu'Agerius doit rendre à Negidius les fruits perçus par lui pendant sa jouissance provisoire; s'il ne le fait pas, condamnation d'Agerius pour la sixième stipulation;

5° Qu'Agerius doit rendre à Negidius la chose elle-même; s'il ne le fait pas, condamnation d'Agerius pour la septième stipulation.

Au contraire,

Negidius, qui n'a pas contrevenu à l'interdit, doit être absous pour la première stipulation;

Et absous également pour la quatrième stipulation, puisque ce n'est pas à tort qu'il a accusé Agerius de l'avoir troublé.

L'affaire, dans l'hypothèse que nous avons posée, se termine donc définitivement par cinq condamnations d'Agerius et deux absolutions au profit de Negidius. Il faut remarquer que ces condamnations ne sont pas fictives, imaginaires, comme en certains cas, dans lesquels la *sponsio* n'était au fond qu'un moyen préjudiciel d'intenter l'action[1]. Ici, en matière d'interdits, la sponsion est sérieuse et a un caractère pénal; l'obligation de payer la somme du pari est considérée comme une punition infligée au plaideur téméraire: ... *pœnæ nomine solvere*[2]. De cette façon, l'ordre du préteur prenait une importance d'autant plus grande, qu'en y contrevenant on s'exposait à perdre davantage. Aussi Gaius dit-il qu'on plaidait *cum periculo*[3]. Dans les interdits restitutoires ou exhibitoires, l'on pouvait à son gré plaider *cum* ou *sine periculo*, avec ou sans *sponsiones;* au contraire, s'agissait-il d'interdits prohibitoires, tels que les interdits *uti possidetis* et *utrubi*, il fallait agir *cum periculo*[4]. Cette différence a sa raison d'être. Dans les interdits restitutoires ou exhibitoires, l'ordre du préteur porte directement sur la restitution ou l'exhibition à faire; *restituas*, *exhibeas;* dans les interdits prohibitoires, le préteur défend un acte nuisible, *vim fieri veto;* la condamnation pécuniaire est la sanction naturelle de cette prohibition, sanction sans laquelle le décret du magistrat pourrait être impunément violé.

— Au point où nous en sommes venus, il n'est pas sans intérêt d'examiner une question qui a fait l'objet de quelques discussions.

La procédure de l'interdit est-elle sommaire?

A cette question se relie la suivante non moins dé-

[1] Gaius, IV, 94.
[2] Gaius, IV, 167 et 168.
[3] Gaius, IV, 162.
[4] *Ulpiani fragmentum Vindobani repertum*, §§ 7 et 8.

battue: le résultat du litige en matière d'interdits est-il tout à fait définitif?

Il est certain que la procédure de l'interdit devait être plus expéditive que celle des actions ordinaires, la nature de la contestation l'exigeait. Mais il faut bien s'entendre sur ce point. Dans certaines circonstances, le magistrat ou le juge ne prenait qu'une connaissance incomplète et provisoire de la cause, c'est ce qu'on appelait *summatim cognoscere;* mais cela n'avait lieu en général que dans des cas d'urgence, et pour des jugements préparatoires; si le juge statuait une première fois après un examen rapide, et pour ainsi dire sans preuves, c'est qu'il se réservait de revoir plus amplement la question lorsqu'une décision définitive devrait intervenir.

Il est évident qu'il n'y a rien d'analogue entre ces derniers cas et celui des interdits. La décision à intervenir sur les interdits ne saurait rien avoir de provisoire. Aucun texte n'émet cette idée qui d'ailleurs n'aurait pas de raison d'être. Sans doute, l'instance possessoire pouvait être suivie d'un procès relatif à la propriété du même objet, mais cela n'empêche pas que le jugement rendu dans le premier procès n'ait été entièrement définitif *quant à la possession* sur laquelle seule il devait statuer.

Par conséquent, dans l'interdit, le juge ne pouvait se contenter de simples apparences ou de vraisemblances pour terminer la contestation: les faits de la cause devaient être soigneusement examinés, les allégations des parties vérifiées, les exceptions du défendeur admises.[1].

[1] C. 8, 2, 1; D. 43, 24, l. 3, §§ 2, 3, 4; l. 7, §§ 3 et 4; l. 22, p. 2. etc.

Il faut cependant trouver une explication à cette expression *beneficio celeritatis inventum* qui a été appliquée à l'interdit[1]. On peut la justifier de plusieurs manières.

D'abord il pouvait arriver que le décret rendu par le préteur terminât immédiatement la contestation sans qu'il fût nécessaire d'organiser une instance : la crainte des condamnations pécuniaires devait engager puissamment les parties à s'arranger ensemble sans l'intervention du juge.

Quand le procès avait lieu, nous avons vu qu'il s'engageait par des *sponsiones* et *restipulationes* plus multipliées encore que dans les actions ordinaires ; que les preuves devaient y être aussi complètes qu'ailleurs, ce n'est donc pas de ce côté qu'on pouvait chercher le moyen d'arriver à une prompte solution ; mais il est permis de supposer que les délais admis ordinairement pour la constitution du juge et l'introduction de la cause étaient abrégés ; que l'affaire était habituellement portée devant les récupérateurs, ce qui surtout était une garantie de célérité, car, tandis que le juge unique ne pouvait être pris que parmi les sénateurs, ou entre ceux qui figuraient sur une liste spéciale, les récupérateurs pouvaient l'être entre tous les citoyens, et même, s'il faut en croire le témoignage de Pline le jeune, parmi les premières personnes que le magistrat trouvait à sa portée : « *Nam ut in recuperatoriis judiciis, sic nos in* « *his comitiis, quasi repente apprehensi, sinceri judices* « *fuimus*[2]. » Ainsi le choix du juge étant facilité, les plaideurs ne subissaient aucun retard de ce côté. D'autre

[1] *Cod. Theod.* Const., 22, II, 36.
[2] Pline, *Epist.*, III, 20.

part, il est certain que la procédure admise devant les récupérateurs était plus expéditive que devant le juge unique: « *Recuperatores dare ut quamprimum res judicaretur*, » dit Cicéron [1], et Gaius [2] n'est pas moins explicite dans le même sens : « *Recuperatoribus suppositis, id est, ut qui non steterit, is protinus a recuperatoribus in summam vadimonii condemnetur.* »

Enfin, l'appel n'était pas recevable en matière d'interdits [3], ce qui contribuait encore à accélérer le dénouement de l'affaire [4].

SECTION II.

Procédure extraordinaire.

« *De ordine et vetere exitu interdictorum supervacuum est hodie dicere; nam quotiens extra ordinem jus dicitur (qualia sunt hodie omnia judicia), non est necesse reddi interdictum; sed perinde judicatur sine interdictis, ac si utilis actio ex causa interdicti reddita fuisset.* »

Ce passage, tiré des Institutes de Justinien [5], nous fait voir qu'à l'époque de cet empereur tout ce que nous venons de dire sur la procédure des interdits n'avait déjà plus d'autre intérêt que l'intérêt historique.

Le système de la *cognitio extraordinaria*, qui consistait en ce que le magistrat connaissait lui-même de l'affaire et la résolvait définitivement, n'existait d'abord que comme exception et dans des cas déterminés, par

[1] *Pro Tullio*, 2.
[2] IV, 185.
[3] *Cod. Theod.*, L. 22, *Quor. appell.*
[4] En ce sens : Zimmern, § 71; Bonjean, § 352, *in fine;* Savigny, § 34
[5] L. 4, 15, 8.

exemple en matière de fidéicommis[1]. Ces cas s'étaient multipliés peu à peu, enfin sous Dioclétien l'exception était devenue la règle, la procédure extraordinaire avait été généralisée et appliquée à toutes espèces d'affaires.

Cette modification avait dû nécessairement atteindre les interdits, qui furent en tous points assimilés aux actions, si ce n'est qu'il fut toujours recommandé de les expédier avec la plus grande célérité possible.

Mais les changements de cette nature ne se font jamais brusquement : c'est graduellement et imperceptiblement que l'on arriva à renverser cet ensemble de formes solennelles et d'antiques symboles nés de l'esprit formaliste des Romains, et qui, devenus d'abord l'objet de la haine publique[2], puis tournés en ridicules, finirent par disparaître entièrement sous l'influence toujours grandissante du préteur.

Cette marche lente et progressive se manifesta pour les interdits comme pour les actions ; l'on tendit de plus en plus à la simplification de la procédure ; le renouvellement fréquent de contestations analogues finit par faire remplacer le décret spécial rendu en faveur des deux parties par des formules générales applicables à tout le monde, et inscrites sur l'*album* avec l'édit du préteur ; il ne fut plus alors nécessaire, comme par le passé, d'aller deux fois chez le magistrat, d'abord pour qu'il rendît un ordre préalable, puis pour la délivrance de l'action contre celui qui avait contrevenu au décret ; dans les circonstances qui, autrefois, auraient donné naissance à l'interdit, l'on obtenait immédiatement une

[1] Ulp., *Reg.*, 25, 12.
[2] Gaius, *Com.*, IV, 30.

action accordée en vertu de l'interdit général. Les *sponsiones* et *restipulationes* tombèrent à leur tour avec les institutions propres au système formulaire; enfin les interdits ne différèrent plus des actions que par le nom qu'ils conservèrent en souvenir de leur origine.

DROIT FRANÇAIS.

Des actions possessoires.

CHAPITRE PREMIER.

NOTIONS PRÉLIMINAIRES. — UTILITÉ DES ACTIONS POSSESSOIRES.

Cinq articles du Code de procédure civile renferment toute la théorie de notre droit sur les actions possessoires, mais combien l'on se tromperait en voulant s'autoriser du laconisme du législateur français pour conclure que cette matière présente peu d'intérêt!

L'importance de la possession a été reconnue de tout temps. Bouteiller disait déjà : « La possession est de grande dignité au procès » ; et Loisel : «Possession vaut moult en France, encore qu'il y ait du droict de propriété entremeslé. » Enfin, on connaît le vieil adage: *Beati possidentes*, et l'on sait combien les anciens auteurs ont cherché à le justifier, à tel point que l'un d'eux, faisant l'énumération des *beatitudines possessionis*, en avait compté jusqu'à soixante-douze. Nous n'essaierons pas de reproduire ici cette énumération, où l'on verrait sans doute les mêmes choses répétées plusieurs fois sous d'autres noms; qu'il nous suffise de rendre compte des principaux avantages de la possession, pour arriver aisément à en déduire l'importance pratique des actions possessoires.

Il faut au seuil de la matière constater un point essentiel, c'cst que la possession a pris en France une physionomie quelque peu différente de celle qu'elle avait à Rome. Nous l'avons dit, ce qui préoccupait surtout le préteur dans les contestations sur la possession, c'était la nécessité de mettre un terme aux troubles et aux querelles qui en résultaient; c'était le besoin de maintenir l'ordre public: quant à la présomption de propriété, sans la repousser, il ne lui accordait qu'une attention secondaire. Dans la loi française, c'est précisément l'inverse qui a lieu; le législateur n'écarte pas la nécessité de la garantie due au repos et à la tranquillité des citoyens, mais c'est plus spécialement par des lois pénales qu'il réprime les faits qui pourraient y porter atteinte; ce qu'il protége surtout dans la possession, c'est la présomption de propriété qu'il y voit; la condition de l'écoulement d'une année, sans laquelle la possession n'a pas d'existence juridique en France, donne à cette présomption une force qu'elle ne pouvait pas avoir à Rome, où la possession momentanée suffisait pour exercer l'interdit.

De cette présomption de propriété découlent les nombreux avantages accordés au possesseur: considéré comme propriétaire, il sera traité comme tel; il sera maintenu dans sa jouissance; les fruits lui seront provisoirement attribués; enfin, s'il est actionné en revendication, il exercera dans l'instance le rôle avantageux de défendeur, et sera par là même dispensé de toute preuve.

Il est certain que cette protection de la loi doit cesser aussitôt que la présomption de propriété vient à être renversée par la preuve contraire faite dans l'instance pétitoire. Toutefois, au bout de dix, vingt ou trente ans, suivant les distinctions établies par le législateur, cette présomption devient invincible, et nul n'est plus admis à la combattre : la possession s'est transformée en propriété.

Si, comme on vient de le voir, la possession renferme des avantages incontestables, ne faut-il pas attacher la plus haute importance aux moyens juridiques destinés à la faire valoir? Assurément, car la possession sans l'action possessoire ne serait qu'une institution inutile, dont on concevrait à peine la possibilité; elle s'évanouirait au premier trouble; objet de toutes les convoitises, elle serait à la merci de toutes les agressions, elle serait la proie du plus fort.

L'action possessoire assure une existence à la possession; c'est par elle que le possesseur troublé dans sa jouissance s'y fait maintenir, qu'il s'y fait réintégrer s'il en a été totalement privé.

Mais il ne faut pas se contenter de considérer les cas exceptionnels dans lesquels la possession se trouve séparée de la propriété. Quoique l'action possessoire soit spécialement créée pour cette dernière hypothèse, puisqu'elle est le seul moyen de défense accordé au possesseur, on va voir qu'elle n'est pas moins d'une très-grande utilité pour le propriétaire lui-même, qui trouvera bien souvent son avantage à y recourir. Sans doute le propriétaire dispose de l'action pétitoire, et peut, par ce moyen, repousser toute attaque étrangère: mais cette ressource est quelquefois illusoire et insuffisante, et celui qui n'en aurait pas d'autre à sa disposition, serait pour ainsi dire désarmé dans bien des circonstances.

La propriété s'établit généralement par titres; mais il peut arriver que les titres soient obscurs, ambigus ou même égarés. Le propriétaire inquiété ira-t-il alors courir les dangers d'un procès au pétitoire? Non, certes, ce serait agir maladroitement; il fera bien mieux d'employer la voie possessoire pour se faire maintenir préalablement dans sa jouissance, et rejeter sur son adversaire tout le fardeau de la preuve dans l'instance pétitoire qui pourrait suivre.

On connaît d'ailleurs les lenteurs et les difficultés de l'action pétitoire; aller au chef-lieu de l'arrondissement, constituer avoué, établir son droit, ce qui est souvent malaisé, subir les diverses phases d'une procédure déjà longue par elle-même et qui peut encore se compliquer par des enquêtes, des descentes de lieux, des expertises, des commissions rogatoires... c'en est trop pour éloigner celui dont le droit n'a reçu qu'une légère attaque. L'habitant des campagnes ira-t-il s'astreindre à ces formalités pour une borne insensiblement reculée, un sillon envahi, une servitude usurpée? Non, mais il préférera, ou subir silencieusement ces agressions, ou plutôt les repousser par la force en se faisant justice à lui-même.

L'action pétitoire, par les complications qu'elle présente, est donc un remède exagéré et inapplicable à la répression des attaques journalières faites à la propriété.

L'action possessoire, au contraire, réunit toutes les conditions désirables pour être employée avec succès dans ces circonstances. Elle constitue une voie simple, facile, peu coûteuse, par laquelle on arrive aisément à une prompte solution; elle s'exerce devant une juridiction paternelle, qui est à la portée des justiciables; le juge de paix qui est investi de cette juridiction se trouve à proximité des lieux contentieux, et par conséquent il est en état mieux que tout autre d'apprécier sans délai le mérite de la contestation; de plus, la connaissance qu'a ce magistrat des usages locaux, des faits de notoriété publique, et même du caractère des plaideurs lui facilitera l'examen de la cause; enfin, sa décision terminera la plupart du temps toute la discussion, et les parties, éclairées par cette première instance sur la véritable nature de leur droit, éviteront d'aller au pétitoire courir les chances d'un procès dispendieux.

Enfin, en supposant que l'action possessoire n'existât point, il faudrait bien, au début de toute instance pétitoire, régler deux points de la plus haute importance et qui peuvent être débattus: d'abord, quel sera le rôle de chacune des parties, et à qui incombera la preuve; ensuite, auquel des deux plaideurs faudra-t-il attribuer la jouissance provisoire pendant la durée de l'instance, ce qui, vu la longueur de bien des procès, peut être du plus haut intérêt. Le juge du pétitoire serait donc obligé de s'ériger en juge du possessoire pour prononcer sur ces questions préalables, qui appellent impérieusement une solution; d'où il suivrait que, dans ces circonstances, la suppression de l'action possessoire ne serait en réalité qu'un changement de compétence.

L'utilité, la nécessité même de l'action possessoire sont donc incontestables, et c'est évidemment à tort qu'on voudrait les révoquer en doute [1]. Il faut certainement se féliciter de ce que cette institution ait été maintenue dans nos Codes, et si l'on doit avoir quelque regret, ce ne doit être qu'au sujet de la brièveté des dispositions législatives qui régissent la matière.

Cette brièveté a donné lieu aux discussions les plus vives, aux controverses les plus ardentes; des questions d'une haute gravité ont été abandonnées à l'appréciation de la doctrine et de la jurisprudence par le législateur qui, d'un seul mot, pouvait mettre fin à bien des doutes, terminer bien des querelles, mais qui ne l'a pas fait, parce qu'il n'a traité cette matière importante et difficile que pour ainsi dire en passant : lui aussi, a-t-il peut-être subi l'influence du préjugé trop généralement répandu et par suite duquel l'on ne considère l'action possessoire que comme chose secondaire et à peine digne d'attention?

Ne trouvant que peu d'appui dans les dispositions législatives actuelles, le commentateur se voit forcé de recourir à celles du passé. Il suit de là que les recherches historiques, toujours pleines d'intérêt, présentent ici une utilité plus pratique que partout ailleurs, par le motif qu'elles aident à combler des lacunes, à jeter du jour sur des points obscurs, à trouver la solution de questions douteuses.

Mais, avant d'aborder la partie historique de ce travail, qui en sera l'une des plus importantes, terminons ce chapitre par une observation.

La matière des actions possessoires a son siége dans

[1] Voir la préface du *Traité du droit de possession et des actions possessoires*, par W. Bélime (Paris 1842), et la réponse de cet auteur aux objections de M. Bérenger.

le Code de procédure, mais elle n'en appartient pas moins au droit civil, et les règles qui la gouvernent eussent trouvé leur place dans le Code Napoléon, aussi bien que celles qui concernent la possession à l'effet de prescrire. L'on verra que dans le cours de ce travail nous n'aurons à nous occuper qu'accidentellement de procédure proprement dite; mais le législateur moderne s'est sans doute laissé influencer par les errements du passé : les dispositions relatives à l'action possessoire figuraient dans l'ordonnance de 1667 sur la procédure civile, et de là elles passèrent tout naturellement dans notre Code de procédure civile.

CHAPITRE II.

HISTOIRE DES ACTIONS POSSESSOIRES.

Nous avons fait connaître ailleurs les dispositions du droit romain sur la possession; ainsi que nous l'avons vu, elle était protégée par des interdits créés par le préteur, et qui se divisaient en deux grandes catégories, les interdits *retinendæ possessionis*, et *recuperandæ possessionis;* enfin, ces interdits furent complétement assimilés aux actions, dont ils ne différèrent plus que par le nom.

Il y a certainement de grandes analogies entre les interdits et nos actions possessoires, mais il y a aussi quelques points de dissemblance dont nous croyons devoir signaler dès maintenant le plus important.

L'interdit était donné en général à celui qui avait la possession actuelle, ne l'eût-il que de la veille; pour intenter l'action possessoire du droit français, il faut être en possession depuis un an : si ce point est contesté pour la réintégrande, il est hors de doute pour la complainte.

Ainsi, pendant un an, la possession ne produit en France aucun effet juridique; le détenteur a beau être troublé, il n'a rien à attendre de la loi. Mais l'écoulement d'une année fait naître à son profit une possession légale ou saisine à laquelle le législateur accorde une protection efficace.

Cependant il faut reconnaître que le droit romain exigeait quelquefois, de la part du possesseur, des conditions qui offrent un certain rapport avec notre possession annale; c'est ainsi que dans la période primitive de l'interdit *utrubi*, il fallait, pour obtenir gain de cause, avoir possédé pendant la plus grande partie de l'année qui venait de s'écouler; la possession devait être de trente jours au moins pour l'interdit *de itinere actuque privato*[1], et remonter à l'été précédent pour l'interdit *de aquâ æstivâ*[2].

Sans doute on peut voir dans ce qui précède quelque ressemblance avec l'état de choses actuel; mais, dans le droit romain, la possession momentanée est la seule qui soit généralement exigée, la possession prolongée ne l'est que par exception, et dès lors il faut admettre qu'une autre influence est venue se joindre aux principes romains pour les modifier.

D'autres différences existant entre les interdits romains et nos actions possessoires, différences que nous aurons l'occasion de signaler maintes fois, attestent encore non moins énergiquement la présence d'éléments étrangers qui, dans le cours des siècles, se sont mêlés

[1] D. 43, 19, l. 1, § 2.
[2] D. 43, 20, l. 1, § 31.

à l'interdit, et proviennent de plusieurs sources, notamment de la législation germanique, du droit féodal et du droit canonique.

Nous allons essayer de donner un aperçu des diverses transformations à la suite desquelles l'action possessoire est devenue ce qu'elle est aujourd'hui.

PREMIÈRE PÉRIODE.

Du cinquième au treizième siècle.

On s'accorde à reconnaître généralement que l'invasion des Barbares n'eut dans le principe aucune influence sur la législation romaine; l'on voit, en effet, dans l'histoire que, pendant un certain temps, chaque peuple continua à être régi par ses institutions : les vaincus restèrent soumis au droit romain, et les vainqueurs conservèrent sur le sol qu'ils avaient conquis des lois conformes à leurs habitudes et à leur manière d'être[1].

Dans ces lois de peuples barbares et primitifs, l'on ne voit encore aucune trace de la distinction entre la propriété et la possession, distinction trop subtile et qui ne peut se produire qu'au sein d'une société déjà avancée.

Il faut donc reconnaître que les auteurs français qui ont cru retrouver dans la loi salique l'origine de notre complainte, se sont laissé quelque peu éblouir par l'orgueil national.

Cette opinion a été trop longtemps accréditée pour que nous puissions nous dispenser d'en rendre compte avec quelque détail. Elle s'abrite d'ailleurs derrière les noms les plus honorables.

[1] *Théorie des actions possessoires*, par J. Crémieu (Paris 1846), nos 171 et 178.

Le savant Pithou avait le premier fait la judicieuse remarque que ce n'était pas dans le droit romain seul qu'il fallait chercher les origines de notre complainte; il crut les trouver dans le titre 47 de la loi salique intitulé : « *De eo qui villam alienam occupaverit, vel si duodecim mensibus eam tenuerit,* » et en le commentant, il ajoutait cette observation : « — de complainte en cas de saisine et de nouvelleté dedans l'an; — *Ut fallantur qui D. Ludovicum regem aut Simonem de Bucy jus istud antè nescitum intrà Franciam proquiritasse tradunt*[1]. »

Nombre d'auteurs ont depuis accepté l'opinion de Pithou, et nous citerons parmi eux Henrion de Pansey, qui n'hésite pas à dire que « l'on trouve dans la loi salique un titre entier qui règle les délais, la forme et les effets de la complainte[2]. »

Mais plus récemment, M. Troplong[3] et d'autres à sa suite ont démontré combien peu l'opinion de Pithou était admissible, surtout après les admirables résultats obtenus par les travaux de l'école historique moderne.

Voyons d'abord quel était le texte sur lequel s'appuyèrent principalement Pithou et ses adhérents :

« § 4. *Si autem quis migraverit in villam alienam,*
« *et ei aliquid infra duodecim menses secundum legem*
« *contestatum non fuerit, securus ibidem consistat, sicut*
« *et alii vicini*[4]. »

[1] Baluzius, *Capitularia Regum Francorum.* Paris 1780, t. II, p. 697.

[2] *De la compétence des juges de paix*, par M. Henrion de Pansey, chap. 33. — Voir aussi Toullier, *Le Droit civil français*, etc., t. 11e, no 124.

[3] *De la Prescription*, t. 1er, nos 290 et sv.

[4] Baluzius, t. 1er, p. 313.

Voici l'explication la plus vraisemblable de ce passage :

Lorsque les Francs se furent établis dans les Gaules, le territoire fut d'abord distribué entre les divers chefs de l'armée conquérante, puis concédé par ceux-ci à leurs inférieurs, moyennant certaines redevances. Par suite de l'agglomération successive de la population, l'on vit bientôt se former de petits établissements agricoles (*villæ*), dont les habitants étaient unis par la communauté d'intérêts sous la protection d'un chef. Nul étranger ne pouvait s'établir dans la *villa*, si ce n'est avec l'assentiment unanime de ses membres; au contraire, l'opposition d'un seul d'entre eux suffisait pour empêcher l'admission du nouveau venu; dans ce cas, l'on intimait à ce dernier solennellement et devant témoins l'ordre de se retirer. S'il faisait résistance, trois nouvelles sommations lui étaient faites, après lesquelles il était expulsé, condamné à payer une amende et privé de tout le fruit de son travail sur le terrain qu'il avait occupé, y eût-il même bâti une demeure, élevé des constructions.

Si, au contraire, l'étranger avait été toléré pendant une année, le droit de demeurer dans la communauté lui était définitivement acquis.

Telles sont les dispositions que le Code des Francs saliens avait établies : il en résulte que l'habitation continuée pendant un an conférait au nouveau venu, non pas un droit de possession, bien moins encore un droit exclusif et absolu de propriété, mais seulement un droit indivis et commun dans le territoire de la *villa*.

Il n'y a donc rien dans le texte de la loi salique qui se rapproche de la complainte. Mais on n'en doit pas moins d'obligation à ceux qui les premiers ont avancé la proposition contraire, car ils ont puissamment contribué à ouvrir à la science une voie nouvelle et à diriger ses investigations vers une mine riche et inexplorée.

— Dans ses savantes études sur les actions possessoires, M. de Parieu a établi[1] avec un luxe d'érudition remarquable, et à l'aide de nombreux documents dont il ne nous serait pas possible de rendre compte sans sortir de nos limites, que, dans les usages germaniques, le terme de l'année jouait un rôle très-considérable, et que l'on en vint peu à peu à reconnaître à la détention continuée pendant ce laps de temps, le pouvoir de faire acquérir la propriété des immeubles. L'origine de cette courte prescription paraît être dans une interprétation erronée du texte de la loi salique que nous avons cité plus haut, et dont on ne tarda pas à faire une application exagérée. Ce fut là un véritable abus, contre lequel des dispositions législatives de cette époque paraissent avoir voulu protester en vain : la force des tendances l'emporta.

Au commencement de leur séjour dans les Gaules, les Francs, habitués à une vie nomade et guerrière, avaient à peine l'instinct de la propriété, mais il ne tarda pas à se réveiller chez eux sous l'influence de la stabilité et du repos.

Chez un peuple primitif, où la notion du droit est à peine distincte de celle du fait, la possession se confond pour ainsi dire avec la propriété ; la prescription est à peu près le seul moyen d'acquérir, et même les

[1] Chap. 4.

courtes prescriptions suffisent pour conférer un droit. Ainsi à Rome, dans les premiers siècles, la possession d'un an faisait acquérir les meubles; celle de deux ans, les immeubles.

On s'explique donc aisément la tendance des peuplades germaniques à repousser les longues prescriptions introduites postérieurement dans le droit romain, pour adopter la prescription d'un an, à laquelle une fausse interprétation de la loi salique avait pu donner une couleur de légalité.

— Cette prescription annale, si commune, dit M. Bélime[1], « chez tous les peuples voisins de la barbarie, parce qu'elle se mesure sur le phénomène qui frappe le plus leurs yeux, sur la révolution du soleil, » nous allons la retrouver, mais avec des raisons d'être toutes différentes, dans la législation féodale.

Sous le régime féodal, qui fut l'institution dominante en France depuis le neuvième jusqu'au treizième siècle, nous voyons surgir des expressions nouvelles : le mot de possession est remplacé par celui de *saisine*, l'expulsion est devenue la *dessaisine*.

Cherchons l'origine de ce langage.

Les seigneurs, en concédant leurs terres à des vassaux, se réservaient certaines redevances, dont les principales devaient être acquittées à l'occasion des mutations de propriété. Ils avaient obligé ceux qui voulaient vendre leurs héritages, à s'en *dessaisir* ou *dévêtir* entre leurs mains; de leur côté, les acheteurs devaient également se faire *saisir* ou *vêtir* par le seigneur. Ces formalités se faisaient avec quelque cérémonie, et elles

[1] N° 208.

avaient pour résultat, sinon pour but principal, d'entourer la mutation de la propriété d'une certaine publicité, favorable aux intérêts des tiers: en outre, le seigneur se faisait payer un tribut nommé *vente* ou *lods*, suivant qu'il était fourni à l'occasion de la *dessaisine* ou de la *saisine* [1].

Aussi longtemps que ces formalités n'avaient pas été remplies, le vendeur était censé resté propriétaire aux yeux des tiers; l'acheteur ne devenait définitivement acquéreur que par la *saisine :* il était alors *saisi.*

Cependant il fut bientôt admis que la possession continuée pendant dix ans pouvait suppléer à la *saisine*, et suffire pour opérer la transmission de la propriété. « *Jouyssance de dix ans vaut saisine*, » dit Loisel [2]. »

On fit encore un pas, et l'on reconnut que la *souffrance du seigneur* prolongée pendant un an remplacerait aux yeux des tiers l'ensaisinement réel, et permettrait à l'acquéreur qui aurait possédé pendant une année d'agir au possessoire. C'est ce qu'explique encore Loisel [3] : « Qui a jouy par an et jour d'aucune chose réelle, ou droict immobilier, par soy ou son predecesseur, *non vi*, *non precario*, en a acquis la saisine et possession, et peut former complainte dans l'an et jour du trouble à luy faict. »

Nous arrivons donc ainsi à un nouvel ordre d'idées : la possession reparaît, mais avec la complainte pour sauvegarde : de plus, cette action est assujettie à la condition de l'écoulement du délai d'an et jour.

[1] M. Charles Giraud, *Précis de l'ancien droit coutumier français*, liv. II, sect. II, 2°.

[2] *Institutes coutumières*, l. V, t. IV, § 9.

[3] *Inst. cout.*, l. V, t. IV, § 10.

Mais par quelles transformations en arriva-t-on à ce résultat, et comment le terme d'an et jour que nous avons vu précédemment suffire à l'acquisition de la propriété, en vint-il à ne plus produire que la saisine, c'est-à-dire une sorte de demi-prescription, capable seulement d'engendrer l'action possessoire?

Voici l'explication vraisemblable de cette modification.

Les prescriptions courtes, nous l'avons dit, conviennent aux sociétés naissantes, au contraire elles sont incompatibles avec des mœurs plus civilisées; à mesure que les relations s'étendent, que les transactions se multiplient et se régularisent, le droit de propriété devient plus sacré et plus précieux, et demande d'autant plus de garanties; la renonciation à ce droit ne peut plus se présumer aussi facilement. De plus, les événements ont toujours leur influence sur la législation : les croisades et autres expéditions lointaines multipliant les départs, exigeaient impérieusement que le droit de l'absent reçût une sauvegarde plus sérieuse, et ne fût pas abandonné à la merci de tout possesseur d'une année.

Alors on tendit insensiblement à allonger le terme de la prescription. Mais, précisement à cette époque, les idées du droit romain commençaient à s'introduire en Europe : elles arrivaient dans un terrain bien préparé, et les prescriptions de dix et trente ans furent accueillies avec la plus grande faveur.

D'un autre côté, l'on s'était habitué depuis bien des siècles à attacher d'importants effets à l'écoulement d'une année : ce terme parut trop court pour opérer par la prescription la mutation de la propriété, mais quoi de plus naturel que d'y rattacher non plus une prescription définitive comme autrefois, mais une sorte de demi-prescription qui ne pouvait être autre chose que la possession : nul ne put dès lors se prévaloir de la possession annale pour se faire déclarer propriétaire, mais on l'invoqua pour se faire maintenir en jouissance provisoirement et jusqu'à la décision à intervenir au pétitoire. Enfin, l'on trouva la possession dans le droit romain, on l'y accueillit, et, sur le modèle de l'interdit *uti possidetis*, on forma la *complainte*, action destinée à protéger le possesseur troublé dans sa jouissance. Cette action, sous un autre point de vue encore, répondait à un besoin réel. Par suite de l'augmentation du délai de la prescription, les procès sur la propriété devinrent plus fréquents, et donnèrent lieu par la force des choses à une première décision sur la possession provisoire; cette nécessité fut réalisée au moyen de la *complainte.*

— Nous avons expliqué jusqu'à présent comment, après bien des siècles de ténèbres et d'oubli, l'on avait fini par créer la complainte, institution offrant beaucoup d'analogie avec l'interdit *retinendæ possessionis* des Romains, quoique en différant essentiellement par la condition de la possession annale à laquelle elle était assujettie.

Mais, avant de passer outre, il faut jeter un coup d'œil rétrospectif, et voir quel avait été, pendant ce temps, le sort de l'interdit *recuperandæ possessionis*, dont l'histoire atteste l'existence à l'époque où l'interdit *uti possidetis* avait été entièrement perdu de vue.

Si ce dernier interdit avait disparu au milieu des bouleversements de l'invasion, si on laissait à chacun le soin de protéger sa possession contre les agressions des tiers, la nécessité de réintégrer celui qui avait été dépossédé paraît au contraire s'être fait sentir de bonne heure chez les peuples barbares. Le simple trouble pouvait, jusqu'à un certain point, passer inaperçu dans un temps de luttes et de guerres; mais la dépossession violente porte une atteinte plus grave à l'ordre public et appelle nécessairement une répression.

Le 161e capitulaire du 6e livre paraît n'avoir eu d'autre but que de reproduire les dispositions sévères formulées par les empereurs romains contre les spoliateurs[1].

« *Si possessor per violentiam expellatur.*

« *Quicunque violenter expulerit possidentem priusquam pro ipso judicis sententia præcedat, si causam meliorem habuerit, ipsam causam de qua agitur perdat; ille vero qui violentiam pertulit universa in statu quo fuerant recipiat et quæ possedit securus teneat. Si vero illud invadit quod per judicium obtinere potuit et causam amittat et aliud tantum quantum invadit reddat expulso*[2]. »

L'on retrouve également la notion de l'interdit *unde vi* dans le livre intitulé *Petri exceptiones*, rédigé au onzième siècle, dans le midi de la France, ainsi que dans les lois municipales d'Arles qui datent du siècle suivant[3].

Mais l'influence du droit coutumier devait bientôt agir sur ces traditions romaines, et faire de l'interdit *unde vi* l'action de *nouvelle dessaisine* qui, sous un autre nom, reproduisait à peu près la même institution.

[1] C. 8, 4, 7.
[2] Baluzius, t, 1er, p. 949 et 983.
[3] Parieu, p. 82.

Cette expression se trouve déjà dans le livre de Jean d'Ibelin, qui rédigea par écrit, vers l'an 1250, les Assises de Jérusalem, dont le texte authentique a péri, et qui donne d'intéressants détails sur l'action de dessaisine dans son 64e chapitre intitulé : « Que l'on deit dire et faire qui viaut recovrer saisine de ce de quei l'on l'a dessaissi[1]. »

Il est également mention de l'action de dessaisine dans l'ancien Coutumier de Normandie, composé à la fin du douzième ou au commencement du treizième siècle.

Enfin, Brodeau[2] retrouve des traces de l'existence de la même action dans la Charte de la communauté de Saint-Quentin de l'an 1195, et dans les anciennes traductions françaises du Code de Justinien, faites vers l'an 1135, où le mot d'interdit est remplacé par ceux de dessaisine trouble et dessaisine d'héritage.

— Il est temps de porter nos regards vers le droit canonique, qui a exercé une puissante influence sur le développement des actions possessoires.

Dans les premiers siècles du christianisme, l'Église n'avait d'autres lois que les Écritures et les canons des conciles; mais l'extension de sa puissance nécessita des décisions plus pratiques et plus appropriées aux besoins du temps : ces décisions, le droit ecclésiastique les emprunta en grande partie au droit romain qui n'avait cessé d'être en honneur dans les pays méridionaux.

On y trouva le principe de la possession, qui fut conservé, mais on réduisit la multitude des interdits

[1] Parieu, p. 82.

[2] *Sur la Coutume de Paris*, t. II, p. 84.

romains à deux actions principales, destinées, l'une à conserver, l'autre à recouvrer la possession[1].

Cependant les décrétales des papes modifièrent en quelques points les principes du droit romain sur la possession, par exemple, en étendant la protection possessoire à des objets nouveaux, tels que les dignités ecclésiastiques, les droits diocésains, et les dîmes qui y étaient attachées[2]. Nous verrons plus tard d'autres modifications.

Les dispositions principales du droit ecclésiastique furent réunies dans divers recueils, dont le plus remarquable fut rédigé au douzième siècle par le moine Gratien, et porte le nom de *Gratiani Decretum.*

Parmi les décrétales qu'il renferme, il en est une qui est restée célèbre, et à laquelle on a attribué la création d'une nouvelle action qu'on a nommée *Réintégrande*, d'après le premier mot du texte suivant dans lequel on a voulu voir une modification des principes de l'interdit *unde vi :*

« *Redintegranda sunt omnia exspoliatis, vel ejectis*
« *episcopis præsentialiter ordinatione pontificum, et in*
« *eo loco, unde abscesserant, funditus revocanda, qua-*
« *cumque conditione temporis aut violentia malorum*
« (d'autres disent *majorum*) *aut per quascumque injustas*
« *causas, res ecclesiæ, vel proprias, aut substantias suas*
« *perdidisse noscuntur, ante accusationem, aut regularem*
« *ad synodum vocationem eorum, et reliqua*[3]. »

Il est peu de textes dont on ait voulu tirer autant de conséquences que de celui que nous venons de citer.

[1] Parieu, p. 101.
[2] De Savigny, *Possession*, § 49.
[3] *Decretum Gratiani*, *pars* 2, *causa* 3, *questio* 1, *cap.* 3.

La nouvelle action qui en a été déduite est entourée de nombreux priviléges.

Elle n'exige pas la possession juridique du demandeur; elle s'applique à toute espèce d'objets; *redintegranda sunt* OMNIA; elle n'a pas pour condition nécessaire un trouble violent, tout mode de dépossession suffit, *per quascumque injustas causas;* elle s'exerce contre tout tiers détenteur, le canon ne distingue point; enfin, elle n'est point limitée à un an.

Mais, ainsi que M. de Savigny l'a clairement prouvé[1], et ainsi que cela résulte d'ailleurs de la lecture attentive du document précité, l'on nê peut y voir autre chose qu'un ensemble de dispositions concernant exclusivement les évêques dépouillés de leurs siéges. Le canon décide que ces évêques ne pourront être traduits devant les synodes avant d'avoir été pleinement rétablis dans leur position.

Ce n'est donc là qu'une disposition appliquée à une espèce tout à fait particulière, et de plus ce n'est qu'une *exception*, et il a fallu une méprise évidente pour y voir la création d'un nouveau droit d'*action* ou même la modification d'une action préexistante.

Comme le dit très-bien M. de Savigny : « Si la règle avait été exprimée ainsi qu'il suit (et ce n'est que le hasard qui a voulu qu'il n'en fût pas ainsi) : *Nullus episcopus exspoliatus debet accusari priusquam integerrime restauretur*, personne, à coup sûr, ne se serait avisé d'y chercher un droit particulier d'action. »

Mais on a été frappé, sans doute, par l'énergie de ces mots qui figurent en tête du Canon : *Redintegranda*

[1] § 50.

sunt omnia episcopis, etc., et qui peuvent faire croire d'abord que la décrétale a pour but d'ordonner la restitution. Mais il n'en est rien, et les derniers mots viennent tout expliquer : *Redintegranda sunt*..... « *ante accusationem, aut regularem ad synodum vocationem eorum.* »

Cependant ce privilége créé exceptionnellement en faveur des évêques, et connu sous le nom de *Remedium* ou *Exceptio spolii*, reçut plus tard une extension remarquable dont nous aurons à rendre compte.

C'est dans une décrétale d'Innocent III, rendue en 1216, que l'on rencontre l'une des modifications cherchées à tort dans le décret de Gratien.

« *Sæpe contingit quod spoliatus, per spoliatorem in alium re translata, dum adversus possessorem non subvenitur per restitutionis beneficium spoliato, commodo possessionis amisso, propter difficultatem probationum juris, proprietatis amittit effectum. Unde nonobstante juris civilis rigore, sancimus ut si quis de cætero scienter rem talem receperit, cum spoliatori quasi succedat in vitium (eo quod non multum intersit quoad periculum animæ injuste detinere ac invadere alienum) contra possessorem hujusmodi, spoliato per restitutionis beneficium succurratur* [1]. »

Il résulte de cette importante décrétale, que l'interdit *unde vi*, qui en droit romain ne pouvait être dirigé que contre l'auteur de la violence [2], put l'être désormais contre le tiers détenteur qui aurait avec connaissance de cause (*scienter*) reçu la chose de la part du spolia-

[1] *Decret. Greg.*, l. 2, t. 13, c. 18.
[2] D. 43, 17, 3, 10.

teur: disposition éminemment équitable et qu'Innocent, comme on l'a vu dans le texte, appuyait sur cette raison, que l'âme du détenteur de mauvaise foi courait autant de dangers que celle du spoliateur lui-même.

Une autre innovation a été introduite dans le droit canonique par la généralisation du *remedium spolii*, relatif d'abord, comme nous l'avons vu, seulement à la mise en accusation des évêques, et qui plus tard fut appliqué à toute personne dépouillée par violence. Cette extension, réalisée d'abord par l'usage seulement, le fut ensuite par la loi écrite [1]. Cependant le *remedium spolii*, après sa généralisation de même qu'à son origine, ne fut jamais une *action* en restitution, mais seulement une *exception* dilatoire à l'aide de laquelle celui qui avait été dépouillé pouvait repousser toute action intentée par le spoliateur, aussi longtemps que celui-ci ne l'avait pas réintégré dans sa possession : « *Verum spoliatione in modum exceptionis tantum probata, non est per hoc restitutio facienda* » dit Innocent III dans la décrétale *cum dilectus filius* [2], et Grégoire IX : *Adversus restitutionem petentem, non est audiendus reus de proprietate opponens nisi actore consentiente* [3].

D'autres décrétales sont venues régler les relations du possessoire et du pétitoire, consacrer l'antériorité du premier sur le second, défendre leur cumul, et de ces diverses dispositions est née la fameuse règle : *spoliatus ante omnia restituendus*.

Ce n'est que par exception, dans des circonstances particulières, par exemple à la condition de l'adhésion

[1] Savigny, *Poss.*, § 50.
[2] *Decret. Greg.*, l. 2, t. 10, c. 2.
[3] *Decret. Greg.*, l. 2, t. 13, c. 1 (en titre).

du défendeur, et d'ailleurs antérieurement, que d'autres décrétales avaient autorisé le cumul du pétitoire et du possessoire [1].

Du reste, il ne faut voir dans toutes ces décisions d'autre but que celui de modifier et de réglementer l'interdit *unde vi* qui est toujours resté le type du *possessorium recuperandæ possessionis;* c'est donc à tort que l'on a voulu tirer de la maxime *spoliatus ante omnia restituendus* la preuve de l'existence d'une action spéciale introduite par le droit canonique contre le spoliateur, et dispensée des conditions ordinaires de la possession juridique.

Le sens de la maxime *spoliatus ante omnia restituendus* est que le possessoire doit précéder le pétitoire, que le spolié peut exiger avant tout d'être rétabli dans sa possession, et refuser en attendant de répondre à toute action, fût-elle intentée au pétitoire par le légitime propriétaire; mais, encore une fois, voir dans cette maxime une dispense pour le spolié de justifier des conditions ordinaires de la possession, c'est singulièrement en étendre le sens. Le contraire est, d'ailleurs, nettement exprimé par un canoniste cité par M. Troplong [2] : *Non sufficit probare quod quis fuerit spoliatus, nisi probet se possedisse : duo enim probare debet qui petit restitui : 1° se possedisse; 2° et spoliatum fuisse* [3].

— En résumé, dans les recherches que nous venons de faire sur cette première période de l'histoire des actions possessoires, du cinquième au treizième siècle,

[1] Parieu, p. 99 et 100.
[2] *Prescr.*, I, n° 297.
[3] Voir en ce sens Parieu, p. 99 et 100; Troplong, *Prescr.*, I, n° 297. — En sens contraire, Bélime, n° 373.

nous avons assisté à la recomposition lente et pénible des deux principales actions romaines :

1° L'interdit *uti possidetis*, reparu sous la forme moderne de la *complainte* dans laquelle se trouve un élément inconnu aux Romains, la possession annale du droit féodal et germanique ;

2° L'interdit *unde vi*, existant d'une part sous le nom d'action de *nouvelle dessaisine*, que nous avons vu figurer dans plusieurs documents antérieurs à saint Louis; d'autre part le même interdit resté en usage dans le droit canonique qui le modifie par le *remedium spolii*, et l'extension contre les tiers de mauvaise foi.

DEUXIÈME PÉRIODE.

Fin du treizième siècle.

Enfin, après ces nombreuses transformations que l'on suit péniblement à travers la marche des siècles, nous arrivons à une époque à laquelle une ère nouvelle s'ouvre pour notre sujet : l'action possessoire sort un peu du vague et des ténèbres qui l'ont enveloppée jusqu'à présent, et l'on trouve à son sujet les renseignements les plus précieux renfermés dans deux célèbres monuments de législation, les établissements de saint Louis et les coutumes de Beauvoisis, rédigées par Beaumanoir. Tous ces éléments épars et qui se sont formés de côté et d'autre, vont être réunis sous l'autorité d'un souverain civilisateur, jaloux d'améliorer les institutions de son pays. C'est à cet effet que le saint Roi publie ses *Établissements*, ordonnances célèbres pour la rédaction desquelles il puise à toutes les sources, corrigeant par la raison du droit romain et par la sagesse et l'équité du droit canonique, les principes encore arriérés et barbares de la législation coutumière.

Ce fut lui qui introduisit en France le *remedium spolii*, en ordonnant, à l'imitation du droit canonique, que tout spoliateur serait tenu, avant tout procès sur la propriété, de réintégrer le possesseur dans sa jouissance, et qu'il serait en outre condamné à payer une amende :

« Nul ne doit en nulle cort pleder desesis, mès il doit demander sesinne en toute œuvre, où doit savoir se il le doit avoir et droit dit que il la doit avoir, et n'est mie tenus de respondre dessesis (ne despouillés) ne le sien tenant ne ne fere nule connoissance ne response ne defautes nulles selonc droit escrit en décrétales et titre de l'ordre des connoissances en la décrétale qui commence : *Cum dilectus filius, super spoliatione*, et par tout le titre, selon l'usage de court laie[1] ».

Ainsi fut réprimé l'usage barbare de cette époque, par suite duquel celui qui avait été dépouillé de son bien était pour ainsi dire autorisé à le reconquérir les armes à la main, ou, si cela lui était impossible, à s'emparer des propriétés du spoliateur qui serait le plus à sa portée[2].

Une disposition légale ramenait donc en France, ou plutôt consacrait l'existence de l'interdit *unde vi*, que nous avons déjà vu chercher à se reproduire sous la forme de l'action de *nouvelle dessaisine :* seulement il ne devait plus fonctionner désormais qu'avec les modifications canoniques.

— C'est en 1270 que parut la célèbre ordonnance

[1] *Etablissements de S. Louis*, l. 2, c. 6.
[2] Troplong, 296.

d'où sont tirées les dispositions précitées : à peu près à la même époque, en 1285, Beaumanoir écrivait son ouvrage sur les Coutumes de Beauvoisis, où il présente un exposé complet du système des actions possessoires : la netteté et la sage combinaison de ce système contrastent vivement avec tout ce qui a été vu précédemment.

Voici un aperçu des notions données par Beaumanoir dans le 32e chapitre de son ouvrage :

Le possesseur peut être inquiété de trois manières différentes : par force, par nouvelle dessaisine, par nouveau trouble.

Il y a *force*, quand il est dépossédé avec violence et à main armée ;

Nouvelle dessaisine, quand la dépossession s'effectue sans violence ;

Nouveau trouble, quand le possesseur, sans être dépouillé, est cependant empêché de jouir paisiblement.

Il y a une grande analogie entre le cas de force et celui de nouvelle dessaisine : ils ne diffèrent entre eux que par la gravité de l'attaque faite au possesseur. « Vos poés savoir que nule tex force n'est sans novele dessaisine, mais novele dessaisine est bien sans force, si comme il est dit dessus[1] ».

Laissons Beaumanoir nous expliquer dans son style naïf ce que sont les cas de force, nouvelle dessaisine et de nouvel trouble.

« Nouvele dessaisine, si est s'aucuns emporte le coze de lequele j'aurai esté en saisine *an et jor* pesivlement. Por ce, se je tieng le coze ou voil esploitier, de lequele

[1] *Cout. de Beauvoisis*, c. 32, § 2.

j'ai esté *an et jor* en saisine pesivlement, et on le m'oste de me main ou de le main à mon commandement, ou on me veut oster me coze à grant plenté de gent ou à armes, si que je n'i oze estre por peur de mort, en tel cas ai-je bone action de moi plaindre de *force* ou de *novele dessaisine*[1].

..... « Nouviax torbles, si est se j'ai esté en saisine *an et jor* d'une coze pesivlement et on le m'empecque, si que je ne puis pas goïr en autele maniere comme je fesoie devant, tout soit ce que cil qui m'empecque m'emport pas le coze. Aussi comme s'on oste mes vendengeurs ou mes ouvriers d'une vigne ou d'une terre dont j'aroi esté en saisine an et jor, ou en assés d'autres cas sanllavles; ce sont *nouvel torble*, et me puis plaindre et ai bone action de moi plaindre, si que le coze me soit mise arriere en pesivle estat[2]. »

Celui qui se plaint de nouvelle dessaisine doit ainsi formuler son *claim*, c'est-à-dire sa demande :

« *Sire, veschi Pierres qui m'a dessaisi de novel de tele coze*, — et le doit nommer, — *de lequele j'avais esté en saisine pesible an et jor; s'il le connoist, je requier à estre resaisis; s'il le nie, je l'offre à prouver.* Et se le coze li fu ostée à force, il pot metre le force en son claim avecques le novele dessaisine.. etc. [3]. »

Voilà les interdits romains nettement dessinés : l'interdit *uti possidetis* dans le cas de *nouvel tourble;* l'interdit *unde vi* dans le cas de *force* et de *nouvelle dessaisine.* Seulement nous voyons que la condition d'*an et jor* se mêle désormais étroitement à l'action possessoire.

[1] C. 32, § 2.
[2] C. 32, § 3.
[3] C. 32, § 4.

Cependant, dans certains cas, cette condition d'*an et jor* n'est pas requise, ainsi que nous l'apprend Beaumanoir lui-même :

« En aucun cas, me puis-je bien plaindre de novele dessaizine, tout soit ce que je n'aie pas esté en saizine de le coze dont je me plains an et jor; si comme je sui en saizine d'un queval ou d'une autre beste ou de denier ou de meuble, quel qu'il soit, ou d'aucune despuelle que j'ai gaigniée et labourée en mon nom, sans auctorité d'autrui; se on m'oste aucune de ces cozes et je le requier, je doi estre resaisis, et quiet cil en amende; mes, moi ressaisi, se cil qui le m'osta prueve le coze à soie, il le r'aura. Et par ce pot on entendre c'on pot bien estre resaisis de tel coze par coustume c'on en porteroit après le hart, si comme s'on avait le coze dont on serait resaisis, mal tolue ou emblée et il est prové clerement[1]. »

Pendant longtemps tous les auteurs modernes ont vu là le cas de dépossession violente donnant lieu à une action spéciale dispensée de la possession annale, par application de la maxime *spoliatus ante omnia restituendus*[2], et c'est surtout sur le passage précité de Beaumanoir que l'on se fonde pour établir l'existence actuelle d'une réintégrande privilégiée et extraordinaire. Cette réintégrande serait moins une action possessoire qu'un simple moyen de restitution, ne préjugeant en rien le possessoire, mais donnant satisfaction à l'ordre public troublé par la spoliation. Une fois cette restitution opérée, le défendeur à la réintégrande n'en

[1] C. 32, § 15.

[2] Henrion de Pansey, *Compétence des juges de paix*, c. 34 et 52; Bélime, n° 374; Troplong, n° 296; Crémieu, n° 195.

conserverait pas moins le droit d'agir en complainte pour se faire restituer la chose s'il en avait la possession an et jour.

Cette opinion s'appuie encore et surtout sur la relation d'un procès donnée par Beaumanoir dans le même chapitre 32 :

« Pierre estoit entrés en une tere el mois de mars et le fist areer et semer pesivlement, et quand vint à l'aoust et il quida l'aveine soier, et tout presentement la terre despouillier de celle année, et y estoient si ovrier jà dedens pour queillir les biens, adont vint Jehans et en osta les ouvriers dudit Pierre et contre son gré, et y mist les siens ovriers, et emporta, que lui que sa mesnie, l'aveine. Adont fist Pierres ajorner Jehan sor novele dessaisine, et quant ils vinrent en cort, Pierres requist à estre restablis de l'aveine que Jehans en avait emporté, lequele il avait arrée et semée et laborée pesivlement, et y estoit entrés pesivlement.... »

« Il fut jugié que Pierres seroit ressaisis et restablis de l'aveine, lequele il avait laborée pesivlement, tout n'eust-il pas été en saisine an et jor. »

La restitution de l'avoine ordonnée au profit de Pierre, nous allons voir Jehan intenter à son tour une action possessoire contre Pierre.

« Quant Jehan out resaisi de l'aveine dessus dite et aempli le jugement, il fit Pierre ajorner, qui resaisis estoit, sor novele dessaisine, et proposa contre li, qu'à tort et sans cause estoit entrés en le saisine et en le possession de son héritage, et sans saisine de segneur, et de novel puis un an et un jor, pourquoi il requerait que cele saisine fust ostée à Pierre et baillié à Jehan, comme à celi qui avoit esté en le derraine saisine de un an et un jor, et dusqu'au jor qu'il entra en le terre por laborer et semer. A ce respondi Pierres, qu'il avoit pledié audit Jehan de cele meisme coze et sor novele dessaizine, et li avait esté livrée la saisine par jugement, par quoi il ne volait estre tenus à nule resaisine fere ne à respondre, se n'estoit au plet de la propriété, quant il seroit sor la propriété ajornés et sor ce se mirent en droit. Il fu jugié que Pierres respondroit au claim que Jehans avoit fet contre li; car por ce se Pierres avoit été resaisis de ce dont il avoit esté trovés en saisine, et il n'avoit maintenu le saisine d'un an et un jor entierement, ne demore pas que Jehans, qui maintenoit se saisine d'un an et un jor entierement, ne se peust plaindre de novele dessaisine de Pierre qui derrainement estoit en le saisine entrés et n'i avoit pas esté an et jor[1]. »

Les auteurs déjà cités plus haut ont vu dans le texte qui précède, l'action en réintégrande exercée avec succès par Pierre, quoiqu'il n'eût pas la saisine d'an et jour, mais pour la raison que la dépossession violente ne saurait être tolérée.

Mais après l'exécution du jugement, Jehan fait ajourner Pierre à son tour en complainte, et l'emporte sur lui en vertu de sa possession annale.

Une autre explication a été proposée par MM. Alauzet et de Parieu[2].

L'action que Beaumanoir dispense de la possession annale est celle qui a pour objet des biens mobiliers. Les deux procès qui ont lieu entre Pierre et Jehan portent sur deux choses distinctes : dans la première, Pierre ne

[1] *Cout. de Beauvoisis*, c. 32, §§ 23 et 24.
[2] M. de Parieu, p. 113 et sv.

réclame que la récolte, *l'aveine*, et il l'obtient parce qu'il en avait la détention lors de la spoliation : à la vérité, il n'avait pas la saisine d'an et jour, mais cela est indifférent, car elle n'est pas exigée en matière mobilière.

L'autre instance concerne le fonds lui-même; l'héritage : c'était Jehan qui en avait la saisine d'an et jour, et l'attribution dut lui en être faite.

Malheureusement il règne dans ces passages de Beaumanoir une certaine obscurité qui prête à l'équivoque et au milieu de laquelle chaque opinion trouve des appuis : toutefois il semble que la plus vraisemblable soit celle de M. de Parieu, suivant laquelle c'est en matière de spoliations mobilières que la saisine d'an et jour n'est pas requise, tandis qu'elle l'est au contraire toujours en matière immobilière, y eût-il même eu dépossession violente, et par *force.*

En effet, il est difficile de croire que Beaumanoir veuille faire allusion au cas de *force*, quand, après avoir si bien spécifié cette action ailleurs, il n'en fait plus aucune mention dans les passages précités : il y est question, au contraire, de nouvelle dessaisine, c'est-à-dire de dépossession sans violence.

D'autre part, il est remarquable que dans les mêmes textes cet auteur ne parle absolument que d'objets mobiliers : par exemple, de l'*aveine* réclamée par Pierre; et d'ailleurs, peut-on croire que ce soit le hasard qui a amené sous sa plume cette longue énumération dans laquelle ne figurent que des biens mobiliers, alors que l'importance beaucoup plus grande des immeubles devait attirer tout autant et plus son attention : si comme je sui en saizine, dit-il, d'un *queval*, ou d'une autre *beste*, ou de *denier*, ou de *meuble quel qu'il soit?....* [1].

Cette abondance d'exemples ne serait-elle pas tout à fait intempestive et inutile, s'ils n'étaient pas donnés dans le but d'indiquer clairement que c'est de spoliations mobilières que l'auteur s'occupe?

Au contraire, nous le répétons, aucune allusion à l'idée de *force*, de dépossession *violente*. N'est-on donc pas autorisé à penser que ces textes ont été lus trop longtemps sous l'empire d'une préoccupation constante, née du besoin de trouver quelque part cette action de réintégrande, si favorisée, dont on parle tant, et qu'il est cependant si difficile de rencontrer dans nos monuments législatifs? Et ceux-mêmes qui ne reconnaissent pas l'existence actuelle de cette action, se croient obligés de concéder à leurs adversaires qu'elle a fonctionné au moins du temps de Beaumanoir. Cette opinion n'est-elle pas acceptée un peu à la légère, ou du moins ne repose-t-elle pas sur une base bien fragile?..

— Il nous reste à faire connaître la procédure de l'action possessoire à l'époque que nous examinons, telle qu'elle est réglée dans les établissements de Saint-Louis [2].

Celui qui était dépossédé demandait au juge que l'objet litigieux fut ôté à son adversaire et mis sous la main de justice. Il n'était acquiescé à cette demande qu'à la charge par le plaignant de donner *pleige* ou caution de poursuivre le *plet* et de payer les dommages-intérêts auxquels il pourrait être condamné. S'il s'y refusait, l'affaire ne pouvait avoir de suites. Au contraire, si le demandeur avait fourni caution, le défendeur était

[1] Voir plus haut p. 56.

[2] L. 1, c. 65, intitulé : *D'hons qui se plaint de nouvele dessesine.*

sommé d'en faire autant, sous peine de se voir retirer la saisine au profit de son adversaire. Le *pleige* étant donné par les deux parties, la chose restait sous la main de justice jusqu'à la décision du juge. Cette procédure avait reçu le nom d'*appleigement* et *contre-appleigement*. L'on ne peut s'empêcher de remarquer son analogie avec les antiques formalités de la *sponsio* et de la *repromissio* usitées au temps de Gaius.

— Beaumanoir reproduit indistinctement pour les trois actions dont il traite la déchéance d'une année, la même que dans le droit romain :

« Qui se veut plaindre de force, de novele dessaisine ou de nouvel torble, il s'en doit plaindre avant que li ans et li jor soit passés puis le dessaisine; et s'il lait l'an et le jor passer, l'action qu'il avait de nouvelle dessaisine est anientie et ne pot mes pledier fors sor le propriété[1]. »

TROISIÈME PÉRIODE.

Du quatorzième siècle jusquà l'ordonnance de 1667.

La procédure des appleigements et contre-appleigements était compliquée et présentait des conditions onéreuses pour ceux qui voulaient l'employer. Aussi tendit-on bientôt à la supprimer, et le moyen employé à cet effet fut de confondre les cas de dessaisine avec ceux de simple trouble pour lesquels les formalités de l'appleigement n'étaient pas exigées[2]. Cette confusion était facilitée par le principe de la possession annale. En effet, la saisine que faisait naître la possession annale subsistait aussi longtemps qu'un autre ne l'avait pas

[1] C. 32, § 9.
[2] Parieu, p. 125.

acquise, et dès lors, quoique dépossédé de fait, l'on pouvait être considéré comme ayant conservé la saisine, et comme n'ayant subi qu'un simple trouble. De là, la possibilité d'agir par l'action de simple trouble, même dans les cas de dépossession, et d'arriver par suite à la fusion des deux actions.

La tendance de cette fusion, déjà signalée au commencement du quartorzième siècle par un jurisconsulte de l'Ouest, Johannes Faber[1], est définitivement réalisée et érigée en règle par Simon de Bucy, premier président du Parlement de Paris, que l'on regarde en général comme ayant le premier introduit la *complainte en cas de saisine et de nouvelleté.* Pothier, dans son *Traité de la possession*[2], nous donne l'explication claire de ces expressions : « Le terme de *saisine*, dit-il, signifie la même chose que possession; et le terme de *nouvelleté* se prend pour le trouble que quelqu'un prétend avoir été apporté à sa possession par quelque nouvelle entreprise de son adversaire. C'est pourquoi ces termes : *complainte en cas de saisine et de nouvelleté*, ne signifient autre chose qu'une action dans le cas d'une saisine, c'est-à-dire d'une possession que chacune des parties litigantes se dispute, et par laquelle chacune d'elles *se plaint de la nouvelleté*, c'est-à-dire du trouble qu'elle prétend que l'autre partie y a apporté. »

Les auteurs qui admettent qu'une action spéciale pour le cas de spoliation a existé au temps de Beaumanoir, la considèrent en général comme ayant disparu par suite de la révolution opérée par Simon de Bucy. Alors, disent-ils, les deux actions, autrefois dis-

[1] Parieu, p. 128.
[2] N° 85.

tinctes, n'en firent définitivement plus qu'une; les mêmes conditions et notamment celle de la possession annale furent exigées pour tous les cas, et la dépossession violente se confondit entièrement avec le simple trouble; les désordres du temps de Louis IX avaient seuls pu légitimer l'existence transitoire d'une institution exorbitante, mais l'ordre étant revenu avec Charles V, l'effet dut disparaître avec la cause, l'action de force n'avait plus de raison d'être[1].

Au contraire, M. Bélime, pour lequel la réintégrande née sous Louis IX n'a pas cessé d'exister depuis, est loin de reconnaître à la révolution opérée par Simon de Bucy l'importance qu'on lui assigne généralement. Suivant M. Bélime[2], Simon de Bucy n'aurait eu d'autre but que de dégager la réintégrande de la formalité de l'appleigement, et de l'assimiler, au point de vue de la procédure seulement, à la complainte : du reste, dit-il, les deux actions ne cessèrent pas d'être distinctes quant à leurs conditions et à leurs effets.

Pour nous, nous sommes très-disposé à adopter l'opinion de M. Bélime à ce sujet, mais sans arriver à la même conclusion que cet auteur. On a vu la difficulté qu'il y a de trouver dans Beaumanoir même l'action exceptionnelle pour le cas de force; si donc, comme on peut le penser, il n'y avait déjà du temps de cet écrivain qu'une seule action possessoire, une dans ses conditions, quoique multiple dans son but, et susceptible de distinctions quant aux cas qui pouvaient lui donner naissance, alors en réalité, comme le pense M. Bélime, Simon de Bucy n'aurait fait que généraliser

[1] Crémieu, nos 200-201.
[2] No 375.

la procédure plus facile qui était usitée pour le cas de simple trouble. La procédure de l'appleigement était assez compliquée pour qu'on pût chercher à l'éviter, en suivant le conseil donné par Loisel dans ses *Institutes coutumières*[1]: « En cas de nouvelleté, se faut bien garder de dire qu'on ait esté spolié, mais simplement troublé, ou dejetté de sa possession par force. »

« Car il faut, ajoute Paul Challine, l'un des anciens commentateurs de Loisel, que le demandeur soutienne sa possession, et conclue à ce qu'il y soit maintenu. »

Toutefois, il faut le dire, même après la révolution opérée par Simon de Bucy, plusieurs auteurs mentionnent séparément la complainte et la réintégrande, car c'est ce dernier nom, tiré du droit canonique, qui devait désormais désigner l'action correspondant à l'interdit *unde vi.* Sans doute, dans la pensée d'un grand nombre d'entre eux, l'usage de ces deux noms ne devait être attribué qu'à la tradition, et devait aussi servir à désigner la diversité des cas d'application de la complainte en cas de saisine et de nouvelleté, sans que l'on dût en inférer que cette action unique pût subir des conditions variables. Mais, cependant, il est quelques jurisconsultes qui expriment des idées positivement contraires, et leur témoignage était trop précieux pour que M. Bélime omît de l'invoquer à l'appui de l'opinion qu'il défend avec tant de vigueur[2].

Cet auteur cite entre autres le passage suivant d'Imbert :

« Les conclusions en cette matière de réintégrande sont qu'après que le demandeur a narré comment il

[1] L. 5, t. 4, r. 11.
[2] N° 576.

était, à bons et justes titres à déclarer en temps et lieux, possesseur de telle chose, que le défendeur l'a spolié depuis an et jour en ça : conclura à ce qu'il soit réintégré en la possession et saisine d'icelle chose et à ses dépens et intérêts. *Mais n'est point nécessaire que le demandeur prouve possession d'an et jour avant la spoliation*, ainsi seulement qu'il était possesseur au temps de la spoliation. »

Ce passage et d'autres semblables ne prouvent qu'une chose, c'est que l'opinion de M. Bélime avait déjà des partisans au seizième siècle, mais ce ne sont que des voix isolées contre lesquelles proteste la grande majorité des auteurs. Bornons-nous à citer Rodier, qui se charge de répondre directement à Imbert : « Imbert, en sa *Pratique,* chap. 17, n° 6, *croit* qu'il n'est pas nécessaire que le demandeur prouve possession d'an et jour avant la spoliation. Mais *la plupart des auteurs* tiennent qu'il faut avoir au moins la possession d'an et jour, parce que la possession annale vaut titre, jusqu'à ce que le droit de propriété soit prouvé. ....Lange, en sa *Pratique*, part. Ire, liv. III, chap. 5 ; Ferrière, en son *Dictionnaire*, sur le mot *complainte ;* M. Sallé, M. Boutaric, sur le présent titre de l'ordonnance, enseignent tous qu'il faut avoir possession d'an et jour [1]... »

Nous ferons remarquer à notre tour avec M. Troplong [2], que, lors de la rédaction des coutumes, la plupart d'entre elles ne mentionnent d'autre action possessoire que la complainte en cas de saisine et nouvelleté : il en est même qui ne nomment la réintégrande que pour la soumettre aux mêmes conditions que la complainte.

[1] Rodier, *Quest.*, p. 245 (cité d'après M. Crémieu, p. 228).
[2] N° 300.

M. Bélime, qui reconnaît ce fait [1], pense échapper à ses conséquences en disant que la réintégrande n'est pas une action possessoire, et que c'est la raison pour laquelle les coutumes n'en font pas mention en traitant de cette matière. La réintégrande n'est pas une action possessoire! Une assertion aussi hardie, et contraire à l'opinion de tous les siècles (comme l'établit fort bien M. Crémieu, nº 255), demanderait à être soigneusement prouvée, et c'est ce que M. Bélime n'a pas cherché à faire. Nous nous bornerons donc à contester purement et simplement la vérité de cette assertion.

QUATRIÈME PÉRIODE.

Ordonnance de 1667.

L'on pourrait penser que l'ordonnance de 1667, dans son titre XVIII, intitulé *Des complaintes et réintégrandes*, devait renfermer des dispositions précises destinées à étouffer à leur naissance les discussions déjà établies sur les actions possessoires, mais il n'en fut rien, et les reproches faits au législateur du dix-neuvième siècle peuvent être adressés à celui de 1667, quoique avec moins de raison, puisque, plus la controverse dure, plus il devient nécessaire de la trancher.

Nous croyons indispensable de transcrire ici les dispositions de l'ordonnance dont nous avons à nous occuper.

TITRE XVIII.

Des complaintes et réintégrandes.

« Art. 1er. Si aucun est troublé en la possession et jouissance d'un héritage, ou droit réel, ou universalité

[1] Nº 575.

de meubles qu'il possédait publiquement, sans violence, à autre titre que de fermier ou possesseur précaire, peut dans l'année du trouble former complainte en cas de saisine et nouvelleté contre celui qui lui a fait le trouble.

« Art. 2. Celui qui aura été dépossédé par violence ou voie de fait, pourra demander la réintégrande par action civile et ordinaire, ou extraordinairement par action criminelle ; et s'il a choisi l'une de ces deux actions, il ne pourra se servir de l'autre, si ce n'est qu'en prononçant sur l'extraordinaire, on lui eût réservé l'action civile.

« Art. 3. Si le défendeur en complainte dénie la possession du demandeur, ou de l'avoir troublé, ou qu'il articule possession contraire, le juge appointera les parties à informer.

« Art. 4. Celui contre lequel la complainte ou réintégrande sera jugée, ne pourra former la demande au pétitoire, sinon après que le trouble sera cessé ; et celui qui aura été dépossédé, rétabli en la possession, avec restitution de fruits et revenus, et payé des dépens, dommages et intérêts, si aucuns ont été adjugés ; et néanmoins, s'il est en demeure de faire taxer ses dépens et liquider les fruits, revenus, dommages et intérêts, dans le temps qui lui aura été ordonné, l'autre partie pourra poursuivre le pétitoire, en donnant caution de payer le tout après la taxe et liquidation qui en sera faite.

« Art. 5. Les demandes en complainte ou en réintégrande ne pourront être jointes au pétitoire, ni le pétitoire poursuivi, que la demande en complainte ou en réintégrande n'ait été terminée, et la condamnation parfournie et exécutée. Défendons d'obtenir lettres pour cumuler le pétitoire avec le possessoire.

« Art. 6. Ceux qui succomberont dans les instances de réintégrande et complainte, seront condamnés en l'amende selon l'exigence des cas.

« Art. 7. Les jugements rendus par nos juges, sur les demandes en complainte et réintégrande, seront exécutés par provision, en baillant caution. »

On peut être étonné de voir reparaître à tout instant, dans le texte qui précède, la distinction entre la complainte et la réintégrande, et l'on est porté à se demander quelle avait été l'intention du législateur en reproduisant cette distinction.

Les deux actions ne sont-elles nommées spécialement que parce qu'elles diffèrent dans leur origine et leur but, et doivent-elles d'ailleurs fonctionner de la même façon et aux mêmes conditions, ou bien, au contraire, y aura-t-il une action spéciale pour le cas d'expulsion violente, ainsi que l'avaient déjà voulu quelques auteurs?

Le texte précité ne renferme rien qui permette de répondre directement à cette question.

Aussi trois systèmes différents ne tardèrent-ils pas à se produire aussitôt après la publication de l'ordonnance.

Le premier consista à enseigner que les deux actions seraient semblables en tous points, mais que la possession annale ne serait requise ni pour l'une ni pour l'autre, l'ordonnance n'exigeant point cette condition : ce système est représenté par Ferrières[1].

[1] *Sur la Coutume de Paris*, art. 96, n° 21 (cité par Crémieu, n° 207.

Au contraire, suivant d'autres auteurs, la possession annale était nécessaire pour exercer la complainte aussi bien que la réintégrande, ces deux actions devant d'ailleurs être entièrement assimilées l'une à l'autre. Cette opinion paraît avoir réuni le plus grand nombre de partisans, parmi lesquels il faut citer Duplessis, Rodier, Bourjon, Coquille, Argou, etc., en un mot, la majorité des auteurs du dix-huitième siècle[1].

Entre ces deux systèmes extrêmes, il en surgit un troisième imaginé par Duparc-Poullain.[2] Cet auteur fait la distinction suivante: ou bien le trouble a été commis par un tiers qui n'avait dans la chose ni droit ni possession, et alors le demandeur n'est pas obligé de justifier de sa possession annale; ou bien c'est le propriétaire ou le précédent possesseur qui est l'auteur du trouble, et alors la possession annale doit être établie par celui qui intente l'action. D'ailleurs, point de distinction à faire entre la complainte et la réintégrande.

Nous nous rangeons complétement au système que nous avons exposé en second lieu, car c'est à notre avis le seul qui soit conforme aux antécédents de notre législation, et aux idées généralement acceptées lors de la rédaction de l'ordonnance.

Au contraire, les deux autres opinions soulèvent de sérieuses objections: Celle de Ferrières, autorisée, il faut le dire, jusqu'à un certain point par le silence de l'ordonnance de 1667, ne tendrait à rien de moins qu'à un retour vers les principes du droit romain, en supprimant la possession annale, cette précieuse innovation du droit français; enfin la distinction proposée par

[1] Voir les autorités citées par Crémieu, nº 209.

[2] *Principes du droit français*, t. 10, §§ 706 et 707.

Duparc-Poullain, distinction équitable, si on le veut, n'en est pas moins une création arbitraire, qui n'a pas d'autre autorité que l'opinion d'un jurisconsulte, et ne s'appuie sur aucun monument législatif: l'on est dès lors contraint de la repousser.

Au milieu de ces divergences, constatons un point dont il est utile de prendre acte: c'est que la discussion ne porte plus sur la dissemblance des deux actions; l'on tend, en général, à les astreindre aux mêmes conditions, et ce n'est plus que dans la fixation de ces conditions que l'on varie. Ainsi, c'est pour les deux actions que Ferrières repousse la possession annale et que Duplessis, Bourjon, etc. l'exigent; la distinction de Duparc-Poullain doit s'appliquer aussi bien à la réintégrande qu'à la complainte.

Le principe de la fusion tend donc à s'établir, malgré le laconisme de l'ordonnance, et c'est sous l'influence de cette tendance que nous arrivons à la législation qui nous régit actuellement.

— Nous n'avons qu'à mentionner en passant le décret du 16-24 août 1790 sur l'organisation judiciaire, qui se contenta de nommer les actions possessoires pour en attribuer la connaissance aux juges de paix (tit. III, art. 10, 2°).

CINQUIÈME PÉRIODE.

Législation actuelle.

Le Code Napoléon, nous l'avons déjà constaté, ne s'est occupé de la possession qu'à propos de la prescription; quant aux actions possessoires, il les a entièrement laissées de côté, réservant cette question pour le Code de procédure.

Cependant le mot de *réintégrande* se trouve dans l'art 2060 : le législateur, en l'y insérant, ne songeait sans doute pas aux importantes conséquences que l'on chercherait à tirer de la seule présence de ce nom dans le Code Napoléon !

De plus, l'idée de possession annale est indiquée par l'art. 2243, qui dispose qu'il y a interruption naturelle de la prescription lorsque le possesseur est privé, *pendant plus d'un an*, de la jouissance de la chose, soit par l'ancien propriétaire, soit même par un tiers.

Cette disposition suppose qu'un autre a pu pendant le laps d'une année s'emparer de la possession et l'acquérir à son profit.

— Lors de la rédaction de l'art. 3 du Code de procédure, la section du Tribunat émit à deux reprises le vœu qu'il fût tracé des règles spéciales sur la complainte et la réintégrande, à l'exemple de ce qui avait été fait dans l'ordonnance de 1667.

Ces observations du Tribunat ont fait ajouter au Code de procédure le titre IV du premier livre qui ne se trouvait pas dans le premier projet.

On lit ce qui suit dans l'*Esprit du Code de procédure civile*, du baron Locré [1] :

« On a vu dans les notes sur l'art. 3 que le titre des actions possessoires, qui manquait dans la rédaction communiquée, a été ajouté sur la demande de la section du Tribunat. Comme il n'a été inséré que dans la rédaction imprimée le 21 mars 1806, et arrêtée définitivement le 29 mars suivant, c'est-à-dire longtemps après la communication, il n'a pas été communiqué et

[1] Première partie, l. 1, t. 4, *Notions générales.*

par conséquent il n'a pu devenir l'objet des observations du Tribunat. D'un autre côté, il n'a donné lieu à aucune discussion dans le Conseil : *la matière était trop simple!* »

Nous n'avons donc pas d'éclaircissements à demander aux travaux préliminaires sur cette matière.

Les cinq articles qui s'occupent des actions possessoires ne sont, à peu de chose près, que la reproduction de la législation de 1667. Cette idée a été exprimée par chacun des orateurs qui ont pris part à la discussion : « Du reste, dit celui du Conseil d'État, les dispositions de ce titre n'ont rien de contraire à celles de l'ordonnance de 1667, et *n'offrent rien qui puisse être susceptible du doute le plus léger !* »

L'orateur fit ressortir, ainsi qu'il suit, une addition faite au texte de l'ordonnance : ...« Le Code dit, comme l'ordonnance de 1667, que l'action possessoire doit être formée dans l'année du trouble ; mais il ajoute, ce que la jurisprudence seule avait établi, que celui qui forme cette action doit être en possession depuis un an au moins. »

Malgré ces paroles formelles et la disposition de l'art. 23 du Code de procédure, la discussion sur l'existence de la réintégrande, comme action distincte de la complainte, s'est représentée plus ardente que jamais.

Le législateur, s'occupant en 1838 des justices de paix, avait une belle occasion de trancher définitivement cette question, mais l'art. 6, 1° de la loi du 25 mai 1838, quoique favorable à l'opinion de ceux qui n'admettent qu'une seule action possessoire, ne renferme cependant pas, comme il eût pu le faire, une disposition claire et précise destinée à faire cesser désormais toute incertitude.

CHAPITRE III.

DE LA NATURE DE L'ACTION POSSESSOIRE ET DE LA POSSESSION QUI EST EXIGÉE POUR L'EXERCICE DE CETTE ACTION.

L'action possessoire est une action par laquelle celui qui a la possession légale d'un immeuble ou d'un droit réel immobilier se fait maintenir ou réintégrer dans la possession de fait, en cas de trouble ou d'éviction.

Cette action est personnelle, et elle se donne contre celui qui a commis le trouble ou qui l'a fait commettre, et contre ses héritiers ou successeurs universels [1].

Nous disons une action *personnelle*, par la même raison qui nous a fait dire en droit romain que l'interdit appartenait au droit des obligations.

Remontons aux définitions: l'action est réelle ou personnelle, suivant qu'elle a pour fondement un droit réel ou un droit personnel. Or, l'action possessoire a-t-elle un droit réel pour fondement? On l'a soutenu, en faisant de la possession un droit réel. Mais nous ne saurions accepter cette manière d'envisager la possession. La possession n'est, suivant nous, aussi bien en droit français qu'en droit romain, qu'un pur état de fait que la loi protége provisoirement à l'instar d'un droit. La loi ne reconnaît d'autre droit exclusif et absolu sur une chose que le droit de propriété; l'on peut bien imaginer deux droits réels existant ensemble, tels que la propriété et la servitude, parce qu'alors il y a démembrement du droit, et les nombreuses prérogatives

[1] Cpr. *Cours de droit civil français*, traduit de l'allemand de M. C. S. Zachariæ par MM. Aubry et Rau, 2e édit., § 190.

de la propriété se partagent entre plusieurs personnes : chacun jouit de la même chose sous un rapport différent, et ces diverses jouissances peuvent aisément se maintenir les unes à côté des autres. Au contraire, cette coexistence est inadmissible pour la propriété et la possession, la propriété étant, d'une, part le droit le plus exclusif, et, d'autre part, le possesseur prétendant également jouir d'une manière illimitée et absolue.

Lorsque la propriété et la possession sont séparées l'une de l'autre et se trouvent placées en deux mains différentes, est-il donc possible de dire qu'il y a *droit* des deux côtés, *droit* exclusif pour le propriétaire, et en même temps *droit* exclusif pour le possesseur? Évidemment, un tel langage choque le bon sens, et il faut se hâter de dire que dans l'hypothèse que nous venons de signaler, il y a *droit* d'un côté, mais *fait* de l'autre.

La possession ne peut être considérée comme un droit (*jus possidendi*) que lorsqu'elle est exercée par le propriétaire lui-même comme un attribut de son droit de propriété : le fait est alors la conséquence, l'exercice, la manifestation pratique d'un droit. Lorsque les choses se passent régulièrement, la possession est unie à la propriété dont elle devrait être la compagne inséparable; mais il peut arriver que l'une se sépare de l'autre, et si le législateur intervient alors pour protéger le fait, c'est qu'il croit y voir un droit.

Mais il ne faut pas conclure de la protection du législateur à l'existence d'un droit : nous le répétons, le législateur protége dans le fait de la possession, la présomption, l'apparence du droit de propriété, et ne connaissant pas le véritable propriétaire, c'est lui qu'il croit favoriser par les prérogatives qu'il accorde au possesseur.

Ce n'est donc pas le droit réel de possession qui sert de base à l'action possessoire, puisqu'en allant au fond des choses, l'on voit que la possession n'est qu'un simple état de fait.

Maintenant, que l'on se soit habitué à la considérer comme un droit, à cause des nombreuses conséquences juridiques qu'elle entraîne; que dans la pratique du langage on parle du droit de possession, cela se comprend aisément; mais il ne faut pas attacher à ces expressions plus de portée qu'elle n'en ont, ni surtout en tirer des conséquences que la doctrine se refuse à admettre.

La véritable base de l'action possessoire, c'est le fait du trouble; c'est le trouble qui, créant immédiatement un lien obligatoire entre son auteur et le possesseur, oblige celui-là à réparer le dommage causé par lui, à remettre les choses dans leur état primitif, ce qui le mène indirectement à la nécessité de rétablir son adversaire dans sa possession.

Le possesseur, si on le veut bien, a un droit, mais un droit purement négatif, celui de n'être pas troublé; une fois le trouble commis, il a le droit d'en poursuivre la réparation.

L'action possessoire est donc une action personnelle fondée sur un quasi-délit, et s'appuyant sur le grand principe de l'art. 1382 du Code Napoléon.

Ces idées, comme on peut le voir, sont conformes à celles que nous avons émises en droit romain, et nous ne pouvons souscrire à l'opinion des auteurs qui prétendent que les principes du droit romain en cette matière n'existent plus, le droit français ayant complétement innové.

Quant à nous, il nous semble que ce qui était vrai

autrefois doit encore l'être aujourd'hui, et que ce qui dérive de la nature intime des choses ne peut être modifié par l'écoulement d'aucun laps de temps et quelle que soit la variation des idées.

Les besoins divers de la pratique peuvent bien nécessiter de nombreux changements dans les dispositions législatives, mais ces changements ne sauraient avoir aucune influence sur les principes immuables de la théorie.

Innocent III, en étendant l'exercice de la réintégrande contre les tiers détenteurs de mauvaise foi, a-t-il fait de cette action une action réelle? Nullement, et il n'était pas en son pouvoir de toucher à la base de cette action; seulement il créait une exception à une règle générale, et l'équité lui faisait violer un principe de droit, ainsi qu'il le déclare lui-même : « *non obstante juris civilis rigore.....* »

De même, en droit français, la disposition de l'art. 1743 du Code Napoléon n'a pas eu le pouvoir de faire du bail un droit réel; et si quelques auteurs l'ont osé soutenir, ils ont soulevé de nombreuses protestations contre leur manière de voir.

Voyons donc quelles sont les innovations du droit français qui ont dû avoir pour résultat de changer complétement la face des choses, en faisant de la possession un droit réel, et de l'action possessoire une action réelle.

Écoutons à cet égard M. Crémieu :

« Nous ne rechercherons pas, du reste, si la possession constitue un véritable droit: cette question, vivement agitée parmi les interprètes du droit romain, n'en est plus une sous la doctrine moderne; il est certain aujourd'hui que la *saisine d'an et jour* donne naissance à un droit absolu, susceptible de se produire par voie d'action à l'encontre de tout perturbateur [1] ».

Et plus loin :

« Les actions possessoires sont, chez nous comme chez les Romains, les moyens juridiques de faire valoir la possession ; mais il ne faut pas oublier qu'elles sont toutes réelles, comme ayant leur fondement dans un droit absolu sur la chose. Depuis longtemps, cette vérité était proclamée par l'ancienne doctrine ; et ce principe, universellement accepté au dix-huitième siècle, semble avoir été implicitement consacré par nos législateurs. Nous devons donc le regarder comme un axiome en jurisprudence [2] ».

C'est donc, d'après M. Crémieu, la saisine annale qui donne à la possession son caractère de droit réel. Avant l'écoulement d'une année, la possession n'est qu'un pur fait, dégagé de toute conséquence juridique. Mais, à la suite de ce délai, un véritable droit prend naissance, le droit de possession, en vertu duquel on peut exercer envers tous l'action possessoire.

Pour nous, cette explication ne nous a point convaincu, et nous ne voyons dans la nécessité de justifier de la possession annale qu'une condition plus rigoureuse imposée à l'exercice des actions possessoires. Nous l'avons déjà dit, plus vivement préoccupé de la présomption de propriété que ne l'était le préteur, le législateur français a pensé que cette présomption devait être fortifiée par le temps : il n'a pas voulu accorder sa protection sur de légers indices, et c'est pour

[1] N° 217.
[2] Crémieu, n° 220.

cela qu'il a exigé que l'écoulement d'une année vînt donner à la possession un caractère sérieux; il est difficile d'admettre qu'un propriétaire néglige d'exercer ses droits pendant un aussi long espace de temps; s'il l'a fait en réalité, les apparences se tourneront contre lui et il devra recourir à l'action pétitoire pour revendiquer son bien.

Mais on insiste: en France, dit-on, la saisine survit au fait de la détention, et il faut bien dès lors la considérer comme un droit.

« Il est visible d'abord, dit M. Bélime[1], qu'on ne peut plus soutenir que la possession est un pur fait momentané, puisque le possesseur, privé de la chose, n'est pas laissé sans secours, et qu'il a une année entière pour se la faire rendre. La possession, même quand elle a cessé, laisse donc une trace derrière elle; la saisine survit au fait de la détention, elle engendre une action en justice, qui est la complainte. Qu'est-ce donc que cette relation juridique du possesseur avec la chose, si ce n'est un droit? Ou bien y aurait-il des actions sans un droit qui en forme la base? »

Nous répondrons à M. Bélime que ce n'est pas le droit, mais bien la présomption de propriété qui survit au fait; cette présomption était assez solidement établie pour n'être pas renversée par l'expulsion et la cessation de la détention. Elle continue à exister pendant une année, malgré la dépossession, et durant cet espace de temps, elle ne cède que devant la preuve de la propriété faite au pétitoire.

En réponse à la question par laquelle M. Bélime termine l'alinéa précité, nous dirons que sans doute il n'y

[1] N° 13.

a pas en règle générale d'actions sans un droit qui en forme la base, mais que cela n'empêche pas le législateur qui croit voir un droit chez le possesseur de lui conférer une action pour le protéger.

— Pour jeter un peu plus de jour sur la question dont nous nous occupons, qui a toujours été l'objet des plus vives controverses, il ne nous paraît pas inutile d'examiner l'opinion de quelques-uns des auteurs français qui ont traité cette matière.

Mais, auparavant, citons un passage des observations faites par la Cour de Caen lors de la rédaction du Code Napoléon :

«....On n'a point parlé de la possession d'an et jour d'un immeuble et de ses effets, elle appartient cependant au droit civil, parce qu'elle constitue un *droit réel* dans le possesseur qui doit être provisoirement maintenu. »

Nous savons que l'on n'eut pas égard à ces observations, et que la théorie des actions possessoires fut réservée pour le Code de procédure.

Cependant les rédacteurs du Code Napoléon donnèrent de la possession une définition qui figure dans l'art. 2228 de ce Code. En firent-ils un droit réel, comme on voulait le leur insinuer? Point du tout. La possession, dit l'article précité, est la *détention* ou la *jouissance* d'une chose ou d'un droit, etc.

Preuve évidente qu'ils ne voyaient dans la possession qu'un pur état de fait, l'idée de détention ou de jouissance n'impliquant nullement celle d'un droit.

Pothier avait déjà dit : « La possession est un fait, plutôt qu'un droit dans la chose qu'on possède. Un usurpateur a véritablement la possession de la chose dont il s'est emparé injustement; il est néanmoins évident qu'il n'a aucun droit dans cette chose. »

Mais il ajoute : « Quoique la possession ne soit pas un droit dans la chose, elle donne néanmoins au possesseur plusieurs droits par rapport à la chose qu'il possède [1]. »

— M. Toullier [2] reconnaît avec tout le monde que la possession qui a duré moins d'une année est un fait qui ne confère aucun droit et ne fait naître aucune action, mais, dit-il, l'écoulement de ce délai engendre au profit du possesseur un droit de possession qui le fait provisoirement présumer propriétaire. M. Toullier expose avec une vigueur et une lucidité remarquables, un système sur la possession auquel nous nous rangeons entièrement et dont nous ne voudrions retrancher que cette expression : *droit de possession*, qui reparaît à de nombreuses reprises. Du reste, remarquons que cet auteur, en traitant des actions possessoires à l'occasion des délits et quasi-délits, les rattache évidemment, ainsi que nous l'avons fait, au principe de l'art. 1382.

M. Troplong [3] émet sur la nature de la possession des idées analogues à celles que nous avons cru devoir adopter. Pour lui, la possession, après comme avant l'écoulement d'une année, n'est qu'un fait, c'est-à-dire qu'elle n'est que l'expression d'un droit, mais pas le droit lui-même. « Ce n'est que comme fait extérieur servant de manifestation à la propriété que la possession a une valeur. La possession est le fait, la propriété est le droit. Tous les effets que par mégarde l'on fait quelquefois

[1] *Traité de la possession*, nos 2 et 3.
[2] *Le droit civil français*, etc., t. 11, nos 124 et sv.
[3] *De la prescription*, nos 237 et sv.

sortir de la possession, ne sont que les conséquences de la propriété présumée qu'elle signale; toutes les fois que la possession demande quelque chose à la loi, c'est à titre de propriété présumée qu'elle l'obtient. Les actions possessoires, la loi ne les donne qu'au possesseur annal, c'est-à-dire au propriétaire présumé. La propriété est tout, et la possession s'efface dans ce droit supérieur qui est sa cause. »

Rompons l'ordre chronologique pour arriver tout de suite à un contradicteur énergique de M. Troplong, à M. Marcadé, qui, avec sa violence habituelle, a critiqué amèrement les paroles qui précèdent. Suivant M. Marcadé, le système de M. Troplong sur la nature de la possession est encore « une de ces nouveautés que le savant magistrat n'a peut-être pas suffisamment méditées avant de les émettre. » M. Marcadé est très-choqué de voir la possession ainsi abritée sous le manteau de la propriété, n'étant rien par elle-même, et tout par le droit dont elle emprunte la figure. « Comment! s'écrie-t-il, c'est la propriété qui est tout, qui fait le *seul objet du débat*, quand M. Troplong lui-même va nous expliquer plus loin (n° 293) que l'idée capitale de la matière, c'est de régler les choses abstraction faite de la propriété!... Comment! c'est la propriété qui fait ici l'*objet du jugement* et la base de l'action! Mais alors ces actions sont donc pétitoires, il n'existe et ne peut exister nulle part que du pétitoire; et que signifie dès lors la loi quand elle sépare tellement le possessoire du pétitoire, qu'elle défend de les cumuler jamais?..... etc.[1]. »

Le savant critique ne s'est-il pas laissé un peu emporter dans le feu de la discussion?

[1] *Explication du Code Napoléon*, par V. Marcadé, sur l'art. 2228, n° 4.

Ainsi il va évidemment plus loin que son adversaire, en disant que la propriété fait le seul objet du débat et du jugement de l'action possessoire. C'est là une interprétation inexacte de cette pensée de M. Troplong que dans la possession le législateur protége *indirectement* la propriété. Il n'en est pas moins vrai que le juge du possessoire ne doit statuer que sur la possession et sur des moyens tirés de la possession; mais en agissant ainsi, il se réfère aux intentions du législateur, qui, lui, n'a que la propriété en vue, la propriété qu'il croit apercevoir sous les apparences de la possession. Seulement, afin d'éviter la multiplicité des procès pétitoires pleins de longueurs et de difficultés, et de crainte des graves inconvénients qui résulteraient d'une incertitude prolongée sur la jouissance, le législateur a posé une présomption d'après laquelle le possesseur est considéré comme propriétaire et protégé comme tel. Cette présomption peut sans doute être quelquefois contraire à la vérité, mais c'est une rare exception à laquelle on ne devait pas se laisser arrêter. L'on peut donc dire avec assurance que c'est le droit de propriété que le législateur protége quand, à son ordre, le juge statue sur le fait de la possession. Celui-ci prononce sur une *action possessoire*, *il règle les choses abstraction faite de la propriété;* mais, en ce faisant, il agit cependant en faveur de la propriété, et, suivant l'expression élégante de M. de Parieu[1], l'action protectrice de la possession est une sorte d'ouvrage avancé qui défend les abords de la propriété contre les attaques dont le contre-coup l'ébranlerait elle-même.

[1] P. 18.

— Si nous adhérons pleinement au sentiment de M. Troplong sur la nature de la possession, nous nous séparons de lui dans son appréciation des actions possessoires, dont il fait des actions réelles[1]. «La raison en est simple, dit l'éminent magistrat, elles émanent du droit de propriété ; c'est, comme nous le disions tout à l'heure, la propriété qui intervient pour ramener à elle la chose soustraite à son action. La présomption de propriété une fois admise, ne faut-il pas que la possession aille trouver la propriété comme sa compagne inséparable?.... Une action qui prend sa base dans le droit de propriété n'est-elle pas réelle? Le Code de procédure civile ne s'y est pas trompé, et lorsque l'art. 3 exige que l'action possessoire soit introduite devant le juge de la situation de l'objet litigieux, il est conséquent avec le système du droit moderne sur la possession. »

Cette argumentation est séduisante, mais nous ne saurions nous laisser entraîner par elle. Peut-on dire que les actions possessoires émanent du droit de propriété, prennent leur base dans ce droit? Non, sans doute, puisque la propriété ne peut être invoquée au procès possessoire, puisqu'il est défendu au juge de toucher à la question de propriété. La relation de l'action possessoire avec la propriété est très-indirecte et éloignée, et nous l'avons déjà déterminée à plusieurs reprises. Le fondement direct de l'action possessoire c'est, comme nous l'avons dit, le fait du trouble qui oblige son auteur à le réparer.

Quant à l'argument tiré de l'art. 3 du Code de procédure, nous pensons qu'il tombe devant cette simple

[1] *Prescr.*, n° 238.

considération que le législateur ne fait point de la doctrine, mais qu'il n'envisage que le côté pratique des choses. Or, le jugement de l'action possessoire nécessitant pour la plupart du temps l'examen des lieux, la visite de l'objet en litige, il était naturel de s'arrêter à la situation de ce dernier pour fixer la compétence.

— Nous croyons pouvoir citer à l'appui de notre opinion celle de M. Zachariæ : Ce jurisconsulte oppose au *droit* de posséder du propriétaire la possession qu'il définit : « *le fait* de celui qui, voulant qu'une chose soit soumise en sa faveur à un droit de propriété ou de servitude, manifeste cette volonté, soit par la garde de la chose, soit par l'exercice de la servitude[1]. »

On lit de plus dans le même auteur les lignes suivantes : « Cette présomption (la présomption de propriété qui résulte de la possession), qui est indépendante du temps pendant lequel la possession a duré, acquiert plus de gravité lorsque celle-ci a continué sans interruption pendant une année. *La possession constitue alors un état de fait* que la loi protége provisoirement jusqu'à la reconnaissance judiciaire du droit de propriété, et pour le maintien ou le rétablissement duquel elle accorde une action spéciale, appelée action possessoire[2]. »

— M. Bélime[3] cite les paroles suivantes de M. Thibaut, professeur à Heidelberg : « La possession est un pur fait qui ne constitue aucun droit par elle-même. N'ayant de valeur légale que comme présomption provisoire, il en résulte cette règle qu'aucune possession

[1] § 185.
[2] § 186.
[3] N° 14.

n'a lieu où le droit de propriété est impossible à supposer; de là aussi l'axiome de notre pratique qu'un pétitoire évident absorbe le possessoire. »

« C'est peut-être, continue M. Bélime, la manière la plus logique d'envisager la possession. Elle est une présomption de propriété comme la remise du titre est une présomption de libération. Quand le juge maintient le possesseur, ce n'est pas tant le possesseur qu'il protége, que le propriétaire présumé.... Il n'y a donc pas de *jus possessionis* : il n'y a qu'un *jus dominii*, que le fait de la possession fait présumer provisoirement.... Peut-être, au lieu d'appeler la saisine possessoire *droit de possession*, serait-il plus philosophique de l'appeler *présomption provisoire de propriété résultant de la possession annale....* [1] »

Il est impossible de mieux exprimer ce que nous avons cherché à faire comprendre nous-même plus haut.

On pourrait croire après cela que M. Bélime conclut comme nous que la possession n'est qu'un état de fait, mais il n'en est rien, et voici ce qu'il dit plus loin, au nº 17 :

« Le droit de possession n'étant, comme nous l'avons reconnu, qu'une présomption provisoire de propriété, n'a et ne peut avoir d'autre nature que la propriété même. C'est donc un véritable droit réel. »

« Ce qui distingue le droit réel du droit personnel, c'est que celui-ci ne donne d'action que contre une personne déterminée, qui s'est obligée envers nous, sans permettre de suivre la chose entre les mains des tiers, tandis que le droit réel autorise à attaquer toute per-

[1] Bélime, nº 15.

sonne indistinctement, *quemcumque turbantem vel impedientem.* Or, c'est bien ce dernier caractère qui appartient à la possession, car le possesseur peut diriger la complainte contre tout individu qui prétendrait le troubler.... »

On invoque volontiers la faculté d'attaquer *quemcumque turbantem vel impedientem* pour en faire dériver l'idée du droit réel. Mais cette conséquence ne saurait être admise. *Tout individu* qui vient troubler le possesseur s'oblige aussitôt vis-à-vis de lui par quasi-délit : voilà le lien personnel établi.

M. Bélime fait de la complainte une action réelle[1]; mais, suivant lui, la réintégrande n'est qu'une action personnelle; naissant *ex delicto*[2]. Cette distinction de l'auteur se justifie par son système sur la réintégrande dont nous aurons à rendre compte ultérieurement.

— Les quelques citations qui précèdent suffisent sans doute pour montrer quelles sont les divergences des opinions sur la possession et les actions possessoires. Il n'est peut-être pas de matière sur laquelle on ait autant discuté, autant écrit, autant fait de recherches, et sur laquelle, en définitive, l'on soit moins d'accord.

La nature mixte de la possession, qui se montre tantôt sous l'apparence du fait, tantôt sous celle du droit, explique suffisamment toutes les incertitudes dont elle a été l'objet : quelque parti que l'on adopte à son égard, l'on se retrouve parfois en face d'objections presque insurmontables. M. de Savigny dit en tête de son ouvrage : « Les écrivains qui s'occupent de recherches sur la possession, commencent ordinairement par se

[1] N° 210.
[2] N° 386.

plaindre des difficultés énormes qu'elles présentent. Quelques-uns les ont estimées si sérieuses qu'ils ont désespéré de les vaincre. » Il est donc probable que la question de la possession, débattue depuis tant de siècles, exercera longtemps encore la patience des jurisconsultes à venir. Quoi qu'il en soit, on est heureux de constater que l'intérêt de la discussion qui précède n'est guère que théorique, et que, quel que soit le parti que l'on adopte, il est à peu près sans influence sur la décision des difficultés pratiques de notre sujet[1].

— En droit romain, la possession nécessaire pour arriver à l'usucapion se distinguait par l'adjonction de la bonne foi de celle qui était exigée pour les interdits, dans laquelle il suffisait du fait de la détention, joint à l'intention de posséder comme maître.

En droit français, cette distinction n'a pas été reproduite : toute possession mène à l'usucapion, par un chemin plus ou moins long, et celle qui suffit à l'action possessoire, suffit aussi à prescrire: il n'y a d'autre différence que celle du laps de temps[2].

La possession, pour agir au possessoire, doit avoir les mêmes caractères que celle qui mène à l'usucapion, et il faut compléter ce que dit l'art. 23 du Code de procédure par les art. 2229, 2232 et 2233 du Code Napoléon. C'est un point admis par la généralité des auteurs, et qui, du reste, avait été indiqué par M. Faure dans son rapport au Corps législatif[3].

[1] Voir cependant *infra*, chap. VIII.

[2] Troplong, n° 239; Bélime, n° 24; Crémieu, n° 263.

[3] Zachariæ, § 188; Troplong, n° 334; Bélime, n° 28; Crémieu, n° 264; Curasson, *Traité de la compétence des juges de paix*, Dijon 1839, t. 2, p. 75; Boitard, *Leçons sur le Code de procédure civile*, Paris 1851, t. 2, n°s 121 et 122.

De la combinaison de ces divers articles, il résulte que la possession indispensable à l'exercice des actions possessoires doit réunir les qualités suivantes :

Être annale, paisible, non précaire, non interrompue, publique, non équivoque, elle ne doit pas être fondée sur des actes de pure faculté, ni sur des actes de simple tolérance, ni sur des actes de violence, ni sur des délits[1].

Pour compléter l'année de possession requise, l'on peut joindre à sa possession celle de son auteur, suivant les règles ordinaires de l'accession de possession[2].

Chacune de ces conditions fournirait matière à des études intéressantes que l'étendue de notre sujet nous empêche d'aborder.

Contentons-nous d'indiquer la solution de deux questions controversées.

1° Les qualités de la possession que nous venons d'énumérer sont-elles exigées d'une manière absolue, ou bien suffit-il qu'elles existent relativement à celui contre lequel on agit?

Il faut distinguer entre les diverses qualités de la possession.

L'absence des vices de clandestinité et de violence n'est exigée que relativement au défendeur. Qu'importe à celui-ci que la possession ait été clandestine et entachée de violence vis-à-vis d'un autre, si publique et paisible à son égard, il a pu à son aise la connaître et la contester?

Mais toutes les autres qualités devront exister d'une

[1] Bélime, n° 73.

[2] Zachariæ, § 188, *in fine*; Bélime, n°s 197 et sv., n° 349; Crémieu, n° 270.

manière absolue. L'art. 2243 le décide formellement quant à ce qui concerne la continuité et la non-interruption, en disposant que l'interruption naturelle a lieu lorsque le possesseur est privé, pendant plus d'un an, de la jouissance de la chose, soit par l'ancien propriétaire, soit même *par un tiers*[1].

Les lois romaines et Pothier[2], d'accord avec elles, mettent le vice de précaire sur la même ligne que ceux de violence et de clandestinité, et enseignent qu'il suffit qu'il n'existe pas vis-à-vis du défendeur. Mais telle n'est pas notre opinion, et nous pensons que la possession précaire est vicieuse à l'égard de tous, aussi bien et peut-être plus encore que celle qui est discontinue ou interrompue[3].

— 2° Est-il nécessaire que la possession soit annale, non-seulement pour agir contre le propriétaire ou le précédent possesseur, mais encore quand on a pour adversaire une personne qui n'a aucune possession antérieure? Cette question a été implicitement décidée avec la précédente, et dans le sens de l'affirmative. En effet, nous ne pensons pas qu'il y ait lieu de distinguer, alors que l'art. 23 du Code de procédure ne le fait point. Cette distinction serait d'ailleurs contraire à l'esprit de notre législation. N'oublions pas que ce n'est qu'après un an que la possession emporte présomption de propriété, et qu'avant l'écoulement de ce délai, elle n'est rien aux yeux du législateur et ne saurait attirer sa protection.

Sans doute l'on sera choqué, si, pour supposer des

[1] Zachariæ, § 188, note 4; Curasson, 2, p. 91.
[2] *Possess.*, n° 96.
[3] Zachariæ et Curasson, ibid.; Troplong, n° 370.

cas extrêmes, le détenteur de onze mois est laissé sans défense vis-à-vis d'un usurpateur qui ne peut se prévaloir d'aucune possession antérieure. Mais toute loi, quelque bonne qu'elle soit, amène quelquefois des résultats regrettables. La détention qui a duré onze mois, comme celle d'un jour, sont sur la même ligne aux yeux de la loi : ni l'une ni l'autre ne rend la propriété vraisemblable, et dès lors aucune d'elles ne peut servir de base à l'action possessoire [1].

— Le droit français ne distingue pas comme le droit romain la possession de la quasi-possession. C'est ce que décide formellement l'art. 2228 du Code Napoléon en déclarant que la possession est la jouissance ou la détention d'une chose ou d'un *droit*.

CHAPITRE IV.

DES DIFFÉRENTES SUBDIVISIONS DE L'ACTION POSSESSOIRE.

L'action possessoire, à notre avis, est une, en ce sens qu'elle est toujours soumise aux mêmes conditions, quels que soient les cas auxquels on l'applique. C'est là, il est vrai, un point vivement controversé et sur lequel nous aurons à revenir. Cependant l'action possessoire se subdivise en plusieurs espèces, suivant la nature du trouble qui lui donne naissance et dont on poursuit la réparation. D'après la division généralement admise, l'action possessoire se présente sous trois faces distinctes que l'on nomme *complainte*, *réintégrande* et *dénonciation de nouvel œuvre*. Nous étudierons successivement chacune de ces espèces, puis nous essaierons

[1] Troplong, n° 312; Crémieu, 268; Dalloz, *Rép.*, v° *Act. poss.*, n° 279. En sens contraire : Belime, n°s 345 et sv.; Parieu, p. 165 et sv.

d'établir qu'elles se confondent toutes en une seule action et doivent être régies par les mêmes principes.

SECTION PREMIÈRE.

De la complainte.

La complainte est l'action par laquelle le possesseur troublé demande à être maintenu dans sa possession.

Ce qui, à notre sens, forme le caractère distinctif de la complainte, c'est que le possesseur n'a pas été dépouillé par suite du trouble; il est encore détenteur, mais, inquiété dans sa jouissance, il demande la cessation de l'acte qui porte atteinte à sa possession. Cette action répond à l'interdit *uti possidetis* des Romains[1].

Pour qu'un fait puisse donner lieu à l'exercice de la complainte, il faut qu'il renferme une atteinte portée à la possession : c'est cette atteinte seule qui lui donne le caractère du trouble, qui est l'une des conditions requises pour l'action possessoire. Suivant M. Zachariæ[2], le trouble résulte de tous actes extérieurs qui, soit directement et par eux-mêmes, soit indirectement et par voie de conséquence sont contraires à la possession du demandeur. Le même fait pourra tantôt produire l'action possessoire, tantôt ne donner naissance qu'à une simple action en dommages-intérêts, ou bien aussi à une action pénale de la compétence des tribunaux correctionnels ou de simple police[3]. Un voisin enlève ma récolte par mauvaise volonté avouée, certainement il

[1] Pothier, *Possess.*, n° 85; Curasson, 2, p. 13; Crémieu, n° 226. — En sens différent : Bélime, n° 209; Dalloz, *Rép.*, v° *Act. poss.*, n° 52.

[2] § 189.

[3] Boitard, 2, n° 110; Bélime, n° 315.

n'y a pas lieu d'agir au possessoire par suite de ce fait qui n'est pas un trouble dans le sens indiqué plus haut. Mais, s'il prétend au contraire avoir eu le droit de me causer ce préjudice, alors il faudra intenter la complainte contre lui. C'est donc l'intention du défendeur qui donne à l'acte son véritable caractère; si l'auteur de cet acte prétend avoir eu le droit de le commettre en qualité de propriétaire ou de possesseur, il est indispensable qu'il soit statué sur la possession à laquelle prétendent simultanément deux personnes. C'est même plutôt l'incertitude sur la possession qui donne lieu à l'action que le préjudice causé, en sorte que l'on a pensé avec raison que la complainte pourrait être intentée en l'absence de tout dommage [1].

Mais ces considérations peuvent donner lieu à des difficultés pratiques. Si, comme nous venons de le dire, c'est l'intention du défendeur qui doit fixer la portée de l'acte nuisible, comment le demandeur auquel la pensée de son adversaire est inconnue fera-t-il pour qualifier sa demande? Pourra-t-il risquer d'actionner au possessoire l'auteur du fait préjudiciable, s'il ne lui est pas démontré que celui-ci entende se prévaloir de la possession?

Il faut certainement décider que l'action possessoire sera régulièrement intentée toutes les fois qu'il sera possible d'interpréter le fait dénoncé à la justice comme un acte de possession. L'action pourra, il est vrai, changer de face et cesser d'être possessoire par suite de la défense de l'adversaire, et alors voici ce qui arrivera: ou bien le fait restera à quelque autre titre dans les attributions du juge de paix, et alors il le retiendra sans nou-

[1] Bélime, n°s 317 et 318.

velle citation, non comme action possessoire, mais comme une autre action dont la loi lui attribue la connaissance; ou bien le fait dépassera la portée de sa compétence, et alors il devra se dessaisir, car il est évident que la citation du demandeur ne pourrait avoir pour effet d'étendre la juridiction du juge. Dans ce second cas, les frais de la citation devront être réservés pour être mis, par le tribunal saisi en second lieu, à la charge du succombant[1].

— La Cour de cassation semble avoir méconnu à plusieurs reprises l'importance de l'intention du défendeur et l'influence qu'elle doit exercer sur le caractère de l'action. Aussi faut-il critiquer avec MM. Bélime et Dalloz plusieurs arrêts par lesquels la Cour suprême paraît décider qu'un fait nuisible commis par simple accident et sans que son auteur ait contesté la propriété ou la possession du demandeur peut servir de base à l'action possessoire[2].

— Il y a deux sortes de trouble: Le trouble de fait et le trouble de droit: « Trouble s'entend non-seulement par voye de faict, mais aussi par denegation judiciaire »[3].

Le trouble de fait résulte d'un acte matériel qui porte atteinte à la possession d'un autre. Tel serait le fait de labourer le champ d'un tiers, d'enlever sa récolte, de combler son fossé, etc. Le trouble peut aussi provenir d'une entreprise commise sur un terrain autre que celui du demandeur. C'est un point sur lequel nous reviendrons en traitant de la dénonciation de nouvel œuvre.

[1] Bélime, n° 319: Crémieu, n° 310.

[2] Req., 16 avril 1833, Despujols; Rej., 21 avril 1834, Blasque; Req., 15 juillet 1834, Amanieu; Dalloz, *Rép.*, v° *Act. poss.*, n°s 57 et 58; Bélime, n°s 320 et 321.

[3] Loisel., *Inst. cout.*, V, IV, 12.

Le trouble de droit s'entend d'une attaque judiciaire ou extrajudiciaire dirigée contre la possession [1]; il n'implique aucun préjudice matériel, mais il suffit pour donner lieu à la complainte. Un tiers me somme de ne pas continuer à bâtir, prétendant avoir sur moi la servitude *altius non tollendi;* il fait à mon locataire commandement de payer entre ses mains; il signifie un congé à mon fermier en se prétendant propriétaire, voilà des troubles de droit.

Un procès-verbal dressé par un garde forestier ou champêtre à l'occasion d'actes commis par une personne sur le fonds qu'elle possédait a été considéré comme un trouble de droit [2].

La complainte intentée contre un possesseur est aussi un véritable trouble de droit qui autorise le défendeur à conclure reconventionnellement à être maintenu dans sa possession [3]. Mais il en est autrement de la revendication, qui suppose au contraire que le demandeur reconnaît la possession de celui qu'il attaque [4].

De simples menaces (trouble comminé) ne sauraient plus, comme autrefois dans la coutume de Bretagne, constituer un trouble de droit, pas plus que de simples propos sans importance juridique [5].

Nous adhérons entièrement à l'opinion de M. Bélime qui considère comme trouble de droit la simple défense de celui qui soutient en justice que la possession est à lui; cet auteur cite à ce propos les paroles suivantes d'Imbert: « Quand le défendeur a défendu par contraires

[1] Zachariæ, § 189.
[2] Curasson, 2, p. 16; Cass., 10 janv. 1827, Martin.
[3] Zachariæ, § 189, note 6; Bélime, n° 335.
[4] Zachariæ et Bélime, ibid.
[5] Zachariæ, § 189, note 5; Henrion de Pansey, c. 37.

possessions, n'est mestier de montrer le trouble, car en défendant il trouble.»

Mais il a été jugé que l'exception de propriété invoquée par le défendeur à une action correctionnelle ne saurait être considérée comme trouble de possession[1] : nous adoptons cette manière de voir, non pas pour la raison donnée par l'arrêt, que cette exception n'est qu'un simple moyen de défense, car le même motif pourrait être mis en avant pour une exception de possession qui n'en serait pas moins un trouble; la cause qui doit faire approuver la décision précitée, c'est que l'exception de propriété n'est d'aucune influence dans la question de possession, c'est qu'elle ne constitue nullement une attaque dirigée contre la possession, qu'elle ne tend pas à contester; elle ne peut donc pas donner lieu à la complainte qui suppose une contestation sur la possession.

— Les actes de l'autorité publique ne peuvent pas être considérés comme des troubles de nature à motiver la complainte; les principes de la séparation des pouvoirs exécutif et judiciaire seraient violés s'il était permis que les actes de l'un fussent réformés par l'autre. Mais si l'administration excède ses pouvoirs, il y aura lieu de recourir à l'autorité administrative supérieure.

Cette manière de voir a été consacrée par un arrêt de la chambre des requêtes du 5 décembre 1842 (Jattiot), qui a décidé que lorsqu'un particulier se croit lésé par l'exécution d'une mesure prescrite par l'autorité municipale, dans un intérêt de police, il doit se pourvoir, non par action possessoire dirigée contre la commune, mais bien devant l'autorité administrative supérieure.

[1] Cass., 20 anv. 1824, Gaide-Roger.

Mais il faut bien discerner les cas où le maire, par exemple, agit comme fonctionnaire administratif, de ceux où il ne ferait que représenter les intérêts privés de la commune considérée comme propriétaire : dans cette dernière hypothèse, ses actes pourraient être envisagés comme trouble possessoire.

C'est ainsi qu'un arrêt que nous avons déjà eu occasion de citer[1] a fort bien décidé que le procès-verbal d'un garde champêtre, dressé dans l'intérêt d'une commune, par ordre de son maire, et constatant une prétendue usurpation sur un terrain communal, dont l'auteur prétend avoir la possession annale, peut servir de base à une action en complainte de la part de celui-ci contre la commune[2].

— Celui qui a succombé au possessoire peut-il ultérieurement intenter une nouvelle complainte, si, se retrouvant depuis dans la possession de la même chose, il y est troublé? La Cour de cassation a décidé deux fois le négative[3]; mais il ne faut voir dans ces arrêts qu'une fausse interprétation de l'ancienne règle coutumière : *Complainte sur complainte ne vaut.*

Cette maxime signifie que si deux personnes plaident au possessoire relativement à un fonds dont un tiers croit avoir lui-même la possession, ce dernier ne doit pas former contre elles une nouvelle complainte, mais intervenir dans celle qui est déjà engagée[4]. Cette règle de procédure a donc été entièrement détournée de son vrai sens par la Cour de cassation.

Dans les deux arrêts précités, la Cour s'appuyait sur-

[1] Cass., 10 janv. 1827, Martin-Morisson.
[2] V. Bélime, n°s 339 et sv.
[3] Rej., 12 juin 1809, Plan de Syeyes; Req., 17 mars 1819, Jouannet.
[4] Henrion de Pansey, c. 47.

tout sur ce motif, que celui qui a déjà succombé au possessoire ne pouvait plus avoir désormais qu'une possession précaire. Ainsi donc, un jugement au possessoire aurait ce merveilleux effet de créer contre celui qui l'aurait subi une espèce d'imprescriptibilité! Mais ce dernier ne peut-il pas avoir commencé une nouvelle possession valable depuis l'exécution du jugement? Et si elle est annale, que peut-on lui objecter de sérieux pour l'empêcher d'intenter une complainte[1]?

SECTION II.

De la Réintégrande.

La réintégrande est l'action possessoire par laquelle le possesseur dépouillé de son bien demande à y être réintégré.

Elle correspond à l'interdit *recuperandæ possessionis* des Romains.

Pour nous donc, la seule différence qui existe entre la réintégrande et la complainte proprement dite, c'est que, dans la première, on suppose que le possesseur a été dépouillé, avec ou sans voies de fait, peu importe, tandis que, dans la seconde, il est encore nanti de la chose dans la possession de laquelle il n'a été que troublé.

Pour la réintégrande, il faut donc admettre que le trouble a des effets plus graves que pour la complainte, puisqu'il est allé jusqu'à opérer le dessaisissement; mais, sauf cette différence d'intensité, le trouble doit être apprécié de même dans les deux actions, et dès lors nous n'avons pas à revenir sur ce qui en a été dit précédemment.

[1] Bélime, n° 218; Curasson, 2, p. 314.

— Il existe en apparence d'assez grandes analogies entre la réintégrande et la revendication. Dans l'une comme dans l'autre, le demandeur est dessaisi et conclut à la restitution de son bien contre le défendeur qui en est nanti; des deux parts le résultat consiste à faire rendre au demandeur la détention qu'il avait perdue.

Mais il existe aussi de notables différences entre ces deux actions.

Dans la réintégrande le demandeur n'invoque à l'appui de sa réclamation d'autre titre que sa possession annale, et il n'a rien d'autre à établir pour triompher, même contre le propriétaire véritable; en vain celui-ci offrirait-il de justifier de sa propriété : cette preuve n'est pas admissible, il faut d'abord rétablir le possesseur, puis seulement alors plaider au pétitoire.

Pour la revendication, au contraire, il faut faire preuve de sa propriété.

L'on voit donc au premier abord, combien la réintégrande offre d'avantages par la facilité des conditions qu'elle impose; mais elle en présente encore d'autres par ses résultats; une fois remis en possession, le vainqueur en réintégrande jouera un rôle purement passif: s'il vient à être actionné en revendication, il attendra que la preuve de la propriété soit faite contre lui, et jusque-là, il conservera la jouissance de son bien.

L'on voit donc que la réintégrande, seule voie offerte à celui qui n'est que possesseur pour le faire rentrer en possession, est aussi fort utile au propriétaire lui-même, s'il vient à être dépouillé. Ce dernier pourrait, il est vrai, agir immédiatement en revendication, mais ce serait une voie plus longue et plus difficile; il est infiniment préférable pour lui, s'il a la possession annale, d'employer la réintégrande, par laquelle il peut obtenir ce qu'il désire et ce qui lui suffit, la détention de sa chose.

Mais si le succès obtenu par la réintégrande est plus facile, il est aussi moins sûr et moins définitif que celui que produit la revendication. La première de ces actions n'ayant d'autre but que de faire prononcer sur la possession, celui qui y a succombé peut, immédiatement après, recourir à la voie pétitoire pour faire établir ses droits. Le vainqueur en revendication n'a au contraire plus rien à craindre de son adversaire, lorsqu'un jugement passé en force de chose jugée a décidé qu'il était propriétaire.

— Pour résumer notre opinion sur la réintégrande, nous dirons qu'elle ne diffère de la complainte que par son but, et aussi par une disposition spéciale de l'art. 2060 du Code Napoléon; qu'elle doit être entièrement régie par les mêmes principes que la complainte; qu'en un mot, elle se confond entièrement avec cette dernière action, et porte même comme elle le nom générique de complainte; mais il s'en faut de beaucoup que cette manière de voir soit partagée par tous les auteurs, et nous touchons ici à une des questions les plus délicates et les plus controversées de notre droit français, question qui a donné lieu à une lutte à laquelle tous les auteurs ont voulu prendre part.

M. Bélime étant l'un des antagonistes les plus redoutables de notre opinion, c'est principalement à lui que nous nous attaquerons, et ce seront ses arguments que nous chercherons à réfuter.

Exposons d'abord en peu de mots le système de cet auteur. Suivant lui, la complainte exercée ordinairement en cas de simple trouble peut aussi être employée même en cas de dépossession opérée sans voie de fait ou violence. On se rappelle que, dans notre opinion, la complainte prend plus spécialement le nom de réintégrande, dès qu'il y a eu expulsion.

Mais y a-t-il eu dépossession opérée à l'aide de voies de fait ou violences, c'est pour M. Bélime le cas d'intenter la réintégrande. Cette action n'est pas une véritable action possessoire, aussi ne requiert-on pas de la part de celui qui veut l'exercer la possession annale : le seul fait de la dépossession violente suffit pour motiver l'emploi de cette action extraordinaire, au profit de celui qui ne posséderait que depuis quelques jours ou précairement.

Mais sur quelle base législative M. Bélime appuie-t-il donc ce système?

N'avons-nous pas à lui opposer, au seuil de la discussion, l'art. 23 du Code de procédure, rédigé d'une manière si claire et si formelle? « Les actions possessoires ne seront recevables qu'autant qu'elles auront été formées, dans l'année du trouble, par ceux qui, *depuis une année au moins*, étaient en possession paisible par eux ou les leurs, *à titre non précaire.*

M. Bélime croit échapper à la conséquence de cet article, en soutenant que la réintégrande n'est pas une action possessoire. Or, le contraire résulte positivement de l'art. 6 de la loi du 25 mai 1838 : « Les juges de paix connaissent à charge d'appel.... des dénonciations de nouvel œuvre, complaintes, actions en réintégrande *et autres actions possessoires !.....* »

Ne faut-il pas déduire de la combinaison de ces deux textes que la loi exige impérieusement la condition de la possession annale, exercée à titre non précaire, pour l'emploi de la réintégrande? Et dès lors, comment qualifier le système contraire qui est enseigné par tant d'auteurs et qui est malheureusement consacré par la jurisprudence constante de la Cour de cassation? N'est-ce pas une rébellion des plus caractérisées contre la loi? On s'appuie beaucoup sur le passé! Mais oublie-t-on qu'il est effacé à jamais et que la disposition formelle de l'art. 1041 du Code de procédure civile, qui abroge toutes lois, coutumes, usages et règlements relatifs à la procédure civile, nous autoriserait à circonscrire toute la discussion dans le cercle de la législation actuelle?

Mais nous ne craignons pas de suivre nos adversaires sur le terrain qu'ils ont choisi, et nous allons exposer dans leur ensemble les motifs qu'ils invoquent.

L'on se fonde d'abord sur l'équité: il est de toute nécessité de sévir contre les auteurs des voies de fait, et de détourner autant que possible les plaideurs de l'habitude de se rendre eux-mêmes justice; pour cela, rien de mieux que l'application sévère de la maxime: *Spoliatus ante omnia restituendus.* Les dispositions pénales feront bien quelque effet, mais la certitude de ne pas conserver le bien dont on se serait mis en possession par un coup de main fera plus d'impression sur les esprits et servira beaucoup mieux à empêcher les violences. D'ailleurs, toute voie de fait ne donne pas lieu à des répressions pénales, et dès lors la dépossession pourrait souvent rester sans aucune sanction.

Mais c'est surtout sur le terrain de l'histoire que la discussion se porte.

A Rome déjà, les constitutions impériales allaient jusqu'à priver le spoliateur de tout droit dans la chose, en eût-il même été propriétaire. — Plus tard, le droit canonique déploie la plus grande vigueur contre les voies de fait, et il proclame la célèbre maxime : *Spoliatus ante omnia restituendus.* En vain prétendrait-on que cette maxime a eu pour but de prohiber le cumul du pétitoire et du possessoire : les canonistes admettaient au contraire ce cumul.

Du droit canonique, la réintégrande passe dans le droit français, avec les établissements de saint Louis ; ce monarque, pour mettre un terme aux désordres qui affligeaient son royaume, condamne le spoliateur à la restitution immédiate de la chose qu'il a enlevée par violence, et le frappe en outre d'une amende variable selon la qualité des personnes, le tout pour prévenir les mouvements *de haine et de mortelle guerre*, et pour le *quemun profict du royaume.* Beaumanoir, dans son *Commentaire de la Coutume de Beauvoisis*, fait mention d'une action spéciale dispensée de la possession annale, et cette action n'est autre que la réintégrande, qui pourra être exercée même par le larron qui aurait dépouillé son maître d'une manière assez effrontée pour *mériter la hart*, sauf ensuite à ce dernier à rentrer en possession par la voie de la complainte. A l'époque de Simon de Bucy, la complainte paraît, il est vrai, se confondre avec la réintégrande, mais cette assimilation n'a d'autre but que de dégager cette dernière des inconvénients et des complications de la procédure par appleigements ; du reste, les deux actions ne cessèrent pas d'être distinctes quant à leurs conditions et leurs effets. C'est ce qu'attestent de nombreux témoignages d'auteurs, parmi lesquels M. Bélime cite des passages d'Argou, Papon et Imbert, et avec lesquels on arrive jusqu'à nos jours, l'ordonnance de 1667 n'ayant en rien modifié la jurisprudence admise jusqu'alors. — Le Code Napoléon reconnaît d'une manière formelle l'existence de la réintégrande, puisqu'il lui consacre une disposition spéciale dans son art. 2060. Quant à l'art. 23 du Code de procédure, nous avons vu comment M. Bélime échappe à sa disposition, en déclarant que la réintégrande n'est point une action possessoire. Enfin, nos adversaires interprètent même en leur faveur le silence de la loi de 1838, qui n'a fait que décider que toute action possessoire, dans quelque circonstance que ce soit, serait de la compétence du juge de paix, et qui d'ailleurs ne tranche nullement la question si vivement débattue de l'existence de la réintégrande comme action distincte de la complainte.

— Pour répondre à l'argumentation précédente, il nous serait facile d'écarter en commençant les considérations d'équité que l'on veut faire valoir, car en supposant même qu'elles fussent admissibles, l'on n'en pourrait tirer d'autre conclusion que celle-ci, c'est qu'il serait peut-être désirable qu'il existât une action du genre de celle que nos adversaires veulent imaginer, mais que, puisqu'elle n'existe pas et ne peut se déduire d'aucun texte de nos lois, il est impossible de la créer arbitrairement.

Cependant, écartons ce moyen et cherchons à établir que ni la tranquillité publique ni l'équité n'auraient à souffrir de l'absence de la réintégrande. En effet, notre législation criminelle n'est-elle pas assez fortement organisée pour réprimer toute violence dangereuse, tout attentat contre la sûreté des personnes, et lorsque vous parlez de voies de fait qui ne sont pas prévues par la loi pénale, vous en supposez donc de bien légères, puisqu'elles n'ont pu attirer l'attention du législateur: *de minimis non curat prætor*. La violence sera certainement toujours réprimée lorsqu'elle aura un caractère vraiment sérieux, et la sûreté des individus suffisamment garantie lorsqu'elle sera compromise.

Mais envisageons les choses sous un autre point de vue, et considérons non plus la répression de l'attaque faite à la personne, mais la protection due à la possession. Sans doute il pourra arriver qu'une personne dépouillée du bien qu'elle détenait n'ait aucun moyen de se faire réintégrer dans sa jouissance, mais alors il s'agira d'un possesseur d'un jour, et celui-là, nous l'avons dit bien souvent, la loi ne s'en occupe pas, parce qu'il n'y a aucune présomption de propriété en sa faveur. A quel titre donc demanderait-il la protection du juge? Sa personne n'a reçu aucune atteinte, nous le supposons; ses droits n'ont pu être violés, puisqu'il n'en avait aucun; il n'était ni propriétaire, ni possesseur légal; or, il n'y a de dommage et partant de réparation que là où il y a eu un droit lésé. En vain donc invoquerait-il la disposition de l'art. 1382 du Code Napoléon; elle ne lui est nullement applicable.

Suivons M. Bélime dans ses recherches historiques. Remontons même plus haut qu'il ne l'a fait, au temps de Cicéron. A cette époque déjà, l'illustre orateur romain soutenait, dans son discours pour Cæcina, que la possession n'était pas nécessaire pour l'exercice de l'interdit *unde vi;* mais M. de Savigny[1] a surabondamment

[1] *Possession*, § 40.

prouvé que ce n'était là qu'un sophisme habilement présenté par l'avocat pour le besoin de sa cause. Quant au droit romain moderne, la condition de la possession au temps de l'expulsion est positivement requise pour l'interdit *unde vi*[1]; d'ailleurs le droit romain, qui n'exigeait la possession annale pour aucun interdit, ne peut être invoqué à l'appui du droit français, qui a admis des principes tout différents. Pour ce qui est de la sévérité des constitutions impériales, M. Bélime déclare lui-même qu'elle était le résultat d'une faveur exorbitante, jusqu'à laquelle il ne prétend pas aller aujourd'hui. Écartons donc l'argument tiré du droit romain.

A l'imitation du droit romain, le droit canonique se contentait de la possession momentanée pour l'exercice de tout interdit possessoire. Nous avons déjà expliqué le véritable sens de la maxime: *Spoliatus ante omnia restituendus*, dont nos adversaires se font une arme si puissante. Mais où donc a-t-on vu que, fort de cette maxime, le détenteur à titre précaire, clandestin, pouvait aller réclamer entre toutes mains la chose qui lui aurait été enlevée? A coup sûr, aucune des sources du droit canonique ne renferme une disposition semblable. Le véritable sens de la règle *spoliatus*, etc., le voici encore une fois: c'est qu'avant tout procès sur la propriété, *le possesseur*, c'est-à-dire celui qui se trouve dans les conditions voulues par la loi pour constituer la possession, doit être réintégré dans la jouissance de son bien: en d'autres termes, le possessoire doit précéder le pétitoire. Ce n'est là qu'une extension du *remedium spolii* qui est une exception, et non une action.

Ce sont ces dispositions du droit canonique que saint

[1] Savigny, ibid.

Louis a voulu introduire en France. Outre cela, il a infligé une amende au spoliateur, mais il ne fait aucune allusion à une action possessoire privilégiée.

Quant à Beaumanoir, il a vraiment exposé un système possessoire, mais nous avons vu combien il est douteux que l'action extraordinaire et si favorisée dont il fait mention soit bien l'action intentée à la suite d'expulsion violente. Au contraire, l'interprétation qui attribue à cette action un tout autre but, celui de demander la possession d'objets mobiliers, est beaucoup plus plausible.

Combien elle est donc fragile la base de tout ce système historique, car, en définitive, c'est le livre de Beaumanoir qui le supporte presque tout seul, et l'on a vu combien il donne prise au doute et à l'incertitude!

Cependant convenons, s'il le faut, que la discussion est difficile sur des documents incomplets, obscurs et longtemps laissés dans l'oubli; admettons donc pour un instant que le siècle de saint Louis ait eu cette réintégrande, et qu'elle ait déjà existé auparavant dans le droit canonique. C'étaient là des temps de guerres et de luttes continuelles, où toutes contestations se vidaient les armes à la main, et l'on concevrait à la rigueur que des mœurs aussi barbares eussent appelé des moyens d'action tout exceptionnels. Mais, en tous cas, cet état de choses aurait été modifié par Simon de Bucy, sous lequel nous voyons la réintégrande confondue avec la complainte. Cette modification de Simon de Bucy, on ne la conteste pas, mais, dit-on, elle n'a eu d'autre but que d'écarter une procédure surannée et compliquée. Nous le voulons bien; mais alors la forme n'aurait-elle pas nécessairement emporté le fond, puisque, en concluant sous la forme de la complainte, il fallait avoir la saisine paisible d'an et jour?

Nous avons invoqué contre nos adversaires le silence des Coutumes, qui ne parlent en général que de la complainte et point de la réintégrande; ils cherchent à échapper à cet argument en excluant la réintégrande de la classe des actions possessoires; en traitant de ces actions, les Coutumes n'avaient donc pas à parler de la réintégrande. Mais ce n'est pas trop se hasarder que de certifier que cette manière d'envisager la réintégrande est contraire au langage constant du droit depuis les temps les plus reculés jusqu'à nos jours.

L'on a cité contre nous le témoignage de plusieurs anciens auteurs qui dispensent la réintégrande des conditions de la complainte : ce n'est là que la manifestation de quelques opinions personnelles, et à ces témoignages nous pourrions en opposer d'autres plus nombreux et plus imposants.

Survient l'ordonnance de 1667, qui ne distingue la réintégrande de la complainte que pour permettre à celui qui voudrait agir par la première de ces deux actions de faire choix à son gré de la voie civile ou de la voie criminelle. Les commentateurs de l'ordonnance varient entre eux sur les conditions exigibles pour les actions possessoires; mais nous avons signalé l'existence d'une tendance générale, celle de mettre les deux actions sur une seule et même ligne.

Le Code Napoléon ne parle de la réintégrande que dans son art. 2060, et, de ce mot jeté incidemment, on a voulu conclure à la création d'une action spéciale et privilégiée.

« La contrainte par corps a lieu, dit cet article,...

2° en cas de réintégrande, pour le délaissement, ordonné par justice, d'un fonds dont le propriétaire a été dépouillé par voies de fait; pour la restitution des fruits qui en ont été perçus pendant l'indue possession, et pour le paiement des dommages et intérêts adjugés au propriétaire ».

Que signifient ces paroles? Que celui qui succombe en la réintégrande peut être poursuivi par la voie de la contrainte par corps, mais il n'y a pas d'autre résultat à tirer de l'art. 2060, et l'on ne peut nullement en induire que l'art. 23 du Code de procédure n'est pas applicable à cette action. Le législateur a employé le mot de réintégrande, mais pourquoi voir une arrière-pensée dans le choix de cette expression? Il a voulu parler du cas où l'action possessoire est intentée par suite de dépossession, et il s'est servi tout naturellement du mot employé d'ordinaire pour exprimer cette idée.

Ne revenons sur les expressions si claires de l'art. 23 du Code de procédure que pour faire une observation. La réintégrande, dit-on, n'est pas une action possessoire. Mais, alors, sur quel texte se fondait-on avant la loi de 1838 pour la mettre dans les attributions des juges de paix? Sur l'art. 10 de la loi du 24 août 1790? Non, sans doute, puisque ce texte ne mentionne pas la réintégrande, ne parle que des actions possessoires en général et que vous refusez d'y comprendre l'action qui fait l'objet de notre discussion. A défaut de cette disposition législative, il était impossible d'en indiquer une autre qui fixât la compétence de cette action, jusqu'au moment où la loi du 25 mai 1838 vint formellement mettre la réintégrande au nombre des actions possessoires. Nous l'avons dit au commencement de cette argumentation, cette dernière disposition nous suffit pour faire tomber la réintégrande sous le coup de l'art. 23 du Code de procédure et devrait à elle seule faire disparaître tous les doutes, s'il pouvait encore y en avoir de sérieux sur cette matière.

Cependant la controverse ayant continué plus vive que jamais malgré la force de ce dernier argument, nous devons déplorer avec M. Bélime, que le législateur ne se soit pas expliqué plus catégoriquement sur un point aussi important. La loi de 1838 présentait une occasion très-favorable à cet effet, et il est regrettable que l'on n'en ait pas profité. Le législateur, disait M. Barthe dans l'exposé des motifs de cette loi, ne doit plus abandonner aux variations de la jurisprudence la solution de quelques questions controversées ou qui pourraient l'être. Cet avertissement si plein d'à-propos dans la circonstance où il était donné, a malheureusement été négligé et l'on a vu se renouveler les mêmes débats que par le passé.

Résumons cette discussion.

La réintégrande de nos adversaires n'est aujourd'hui d'aucune nécessité pratique; nos lois pénales suffisent amplement au maintien de l'ordre public; l'équité ne la réclame pas; les bases historiques sur lesquelles elle s'appuie sont fragiles et incertaines; la législation actuelle la repousse.

Pour nous donc, la réintégrande n'est autre chose que la complainte exercée en cas de dépossession; elle est soumise aux mêmes conditions que celle-ci et n'en diffère que par son but et par la disposition exceptionnelle de l'art. 2060 du Code Napoléon.

Nous n'avons en conséquence pas de règles spéciales

à exposer pour la réintégrande, et tout ce qui a été dit ou le sera pour la complainte, devra être appliqué à la réintégrande, sauf les distinctions qui découlent nécessairement de l'emploi spécial de chacune de ces actions [1].

— Après avoir vu la doctrine, passons à l'examen de la jurisprudence.

Nous l'avons déjà dit: la Cour de cassation a été constamment contraire à l'opinion que nous avons défendue; nous ne signalerons donc qu'avec un sentiment de regret les nombreux arrêts qui sont venus consacrer le système de nos adversaires, en décidant à diverses reprises, que l'action en réintégrande est valablement intentée, soit par celui qui n'avait pas la possession annale au moment de l'expulsion, soit par celui qui ne possédait qu'à titre précaire, tel que le fermier ou l'antichrésiste, soit, en un mot, par celui qui avait à la vérité la détention matérielle de la chose, mais dont la possession ne réunissait pas les qualités voulues pour prescrire; que du reste le jugement sur la réintégrande ne tranche pas définitivement la question de possession; de sorte que le défendeur à cette action peut, après avoir succombé dans l'instance en réintégrande, excercer l'action en complainte en vertu de la possession annale dans laquelle il a été troublé depuis moins d'un an, et qu'il avait voulu recouvrer par une voie de fait [2].

[1] Voir dans notre sens: Toullier, XI, nos 123 et sv.; Troplong, *Prescription*, I, nos 305 et sv.; Zachariæ, § 191, *in fine*, et note 9; Curasson, II, p. 36 et sv.; Boitard, n° 123; Marcadé, art. 2228, n° 5.; Crémieu, nos 249 et sv.; Parieu, p. 161 et sv., etc. — En sens contraire: Henrion de Pansey, c. LII; Garnier (*Traité des actions possessoires*, Paris 1833), p. 42 et sv.; Bélime, nos 371 et sv.; Dalloz, *Rép.*, v° *Act. poss.*, n° 101, etc.

[2] Req., 10 nov. 1819, Déa; Req., 16 mai 1820, Girard; Req., 28

Parmi tous ces arrêts, nous en choisirons un pour faire connaître les motifs sur lesquels la Cour appuie sa décision; cet arrêt a été rendu le 28 décembre 1826 sous la présidence de M. Henrion de Pansey, qui, dans son ouvrage sur la compétence des juges de paix, a été l'un des partisans les plus ardents de la réintégrande, et a sans doute puissamment concouru à la faire admettre par la jurisprudence de la Cour de cassation. Les motifs qui suivent reproduisent clairement les caractères de l'action que la Cour suprême a introduite dans sa jurisprudence, et les nombreux arrêts qui ont été rendus postérieurement se sont tous appuyés sur des bases analogues; l'on retrouvera là toutes les objections de nos adversaires exposées en peu de mots, et avec une vigueur qui a fait dire à M. Troplong que les considérans de cet arrêt semblent un combat *pro aris et focis.*

«Attendu, en droit, que nul ne peut se faire justice à soi-même; *cur enim ad arma, ad rixas procedere patiatur prætor, quas potest juridictione suâ compescere* (L. 13 et 3, ff. *De usuf.*); — Que celui qui a été dépossédé par violence ou voie de fait, doit, avant tout, rentrer dans sa possession, *spoliatus ante omnia restituendus;* — Que c'est sur ces principes, conservateurs de l'ordre social et de la paix publique, que repose l'action en réintégrande; — Que cette action, généralement admise dans l'ancienne législation française, loin d'avoir

déc. 1826, Chauffier; Req., 27 juin 1821, Leborgne; Req., 4 déc. 1833, Chauschot; Cass., 16 nov. 1835, Trolley; Cass., 19 août 1839, Toudouze; Req., 4 juin 1835, *Com. de Mayenne;* Req., 5 janv. 1837, Bouvier; Req., 8 juillet 1845, Duhoux; Cass., 5 août 1845, Bastard; Cass., 5 avril 1841, Durou; Cass., 23 nov. 1846, Pairault; Req., 10 août 1847, Boileux.

été abrogée par la nouvelle, est reconnue comme étant encore en pleine vigueur par une disposition formelle de l'art. 2060 du Code civil; — Que l'art. 23 du Code de procédure, sainement entendu, ne doit être appliqué qu'aux actions possessoires ordinaires, à l'égard desquelles c'est le droit ou la qualité, et non pas le fait de la possession qu'on considère; — Que ces actions ont toujours été bien distinctes de l'action en réintégrande, et par leur nature, et par leurs effets; — Par leur nature; car les actions possessoires ordinaires, naissant d'un trouble quelconque et fondées sur une jouissance civile et légitime, doivent présenter une possession annale, publique, paisible et à titre non précaire; tandis que l'action en réintégrande, naissant d'une dépossession par violence ou voie de fait, et fondée sur une jouissance matérielle, ne doit présenter qu'une simple détention naturelle au moment de la violence ou voie de fait; — Par leurs effets; car, à l'égard des premières, le jugement assure au possesseur une possession civile, légale, définitive, et qui ne peut être renversée qu'au pétitoire; tandis que, à l'égard de la seconde, le jugement ne rend au détenteur que sa jouissance momentanée, matérielle, provisoire, et qui peut être anéantie même au possessoire; etc. »

SECTION III.

De la dénonciation de nouvel œuvre.

La *nuntiatio novi operis*[1] n'était en droit romain ni une action ni un interdit; c'était une simple défense de passer outre faite dans certains cas à celui qui par des constructions, démolitions, travaux ou changements

[1] D. 39, 1; Code 8, 11.

quelconques dans l'état des lieux, menaçait de porter préjudice à un tiers. Elle s'effectuait au moyen d'une protestation faite par le dénonçant lui-même, soit auprès de celui qui faisait construire, soit auprès des ouvriers employés par ce dernier. Ce moyen de droit avait quelque analogie avec la *cautio damni infecti* en ce qu'il était destiné à protéger contre un dommage futur; il avait pour effet de constituer l'adversaire en faute par le seul fait de la continuation de ses travaux, qu'ils fussent ou non préjudiciables au dénonçant. Si le constructeur n'avait pas égard à la sommation qui lui avait été faite, et passait outre, le dénonçant pouvait, au moyen de l'interdit *de opere novo demoliendo aut restituendo*, faire détruire tout ce qui avait été fait depuis la dénonciation, et afin que cela pût être bien vérifié, l'on était dans l'habitude de faire constater l'état des travaux au moment où ils étaient suspendus (*modulos sumere*)[1].

De son côté, le constructeur pouvait être autorisé à continuer ses travaux en donnant caution de réparer le préjudice qu'ils pourraient occasionner, et dans ce cas il était protégé par un interdit prohibitoire contre tout nouvel empêchement suscité par le dénonçant[2]; il pouvait aussi se pourvoir auprès du magistrat pour faire vérifier le mérite de la dénonciation; le dénonçant était alors obligé de faire valoir ses droits au fond, et s'il ne parvenait pas à les établir, le magistrat donnait mainlevée de la dénonciation (*nuntiationis remissio*)[3].

La *nuntiatio* ne se faisait que pour des ouvrages com-

[1] D. 39, 1, l. 8, § 5.
[2] D. 39, 1, l. 20, §§ 9 et 10.
[3] D. 43, 25.

mencés; s'ils étaient terminés, il fallait agir par l'interdit *quod vi aut clam*[1].

Les effets de la *nuntiatio* cessaient dans l'ancien droit au bout d'un an, et plus tard, sous Justinien, après trois mois[2].

On voit donc que la dénonciation de nouvel œuvre du droit romain ne tient en rien de l'interdit possessoire; ce n'est qu'une opposition provisoire qui ne tend nullement à faire attribuer la possession au dénonçant; au contraire, ce dernier s'engageait à faire valoir son droit dans une instance ultérieure dans laquelle il était nécessairement demandeur et son adversaire défendeur: *in operis novi nuntiatione possessorem adversarium facimus.*

Il a donc fallu que la dénonciation de nouvel œuvre subît bien des transformations pour qu'elle pût venir prendre place au milieu de nos actions possessoires.

Ces transformations furent dues sans doute à une interprétation erronée du droit romain[3]; quoi qu'il en soit, Bouteiller, qui dans sa *Somme rurale* s'occupe de la dénonciation de nouvel œuvre, la présente déjà sous une physionomie toute différente. D'après cet auteur et contrairement à la règle romaine *possessorem adversarium facimus,* c'était l'entrepreneur de l'ouvrage qui était obligé de se constituer demandeur, tandis que le dénonçant était regardé comme possesseur et défendeur. De plus, « selon aucuns, il est de nécessité que

[1] D. 39, 1, l. 1, § 1.
[2] Code 8, 11.
[3] Voir Crémieu, n°s 238 et sv.

cette dénonciation soit faite dedans l'an que cette nouvelle œuvre est commencée[1]. »

Ainsi l'on voit que la dénonciation de nouvel œuvre tendait à se rapprocher de la complainte et par la possession reconnue au dénonçant et par la prescription annale. Plus tard, s'il faut en croire le témoignage de Charondas, la protestation ne put plus se faire que par le juge et il lui appartenait également de décider si les travaux seraient continués moyennant caution[2].

Enfin, l'assimilation avec la complainte paraît à peu près consommée à l'époque de Papon. « Autre et troisième force, dit cet auteur, se nomme inquiétative et clandestine, sans apertement être découverte, comme de bâtir contre la possession d'autrui et faire nouvel œuvre..... Vrai est que l'on y a voulu pratiquer une action nommée dénonciation de nouvel œuvre qui n'est pas diverse du cas de nouvelleté nommé complainte[3]. »

Cependant quelques auteurs continuèrent encore à enseigner que la dénonciation ne pouvait s'appliquer qu'à des travaux en cours d'exécution et que le juge pouvait autoriser le défendeur à terminer son entreprise moyennant caution[4].

L'ordonnance de 1667 passe sous silence la dénonciation de nouvel œuvre; la plupart des commentateurs, Pothier lui-même, dans son *Traité de la possession*, imitent le silence de l'ordonnance; nos Codes ne la nomment pas.

Mais de nos jours l'on a cherché à différencier de

[1] Voir Henrion de Pansey, c. 38.

[2] Henrion de Pansey, ibid.

[3] Papon, 2e *Notaire*, liv. VIII, tit. *De l'interdit unde vi*, cité par M. Bélime, no 362.

[4] Parieu, p. 146 et 168.

nouveau la dénonciation de nouvel œuvre de l'action possessoire et à en refaire une action spéciale, participant à la fois des caractères de la *nuntiatio* des Romains et de ceux de la complainte.

Plusieurs systèmes se sont produits.

D'après M. Henrion de Pansey[1], la dénonciation de nouvel œuvre n'a lieu que lorsque l'auteur de l'innovation construit sur son propre terrain; l'effet de cette action se réduit à autoriser le juge de paix à défendre ou à permettre sous caution la continuation des travaux et à constater l'état des lieux au moment de la dénonciation. Si l'auteur du nouvel œuvre veut obtenir mainlevée des défenses du juge de paix, c'est au tribunal civil qu'il doit porter son action, laquelle est alors pétitoire. Le juge de paix, si sa défense est méprisée, ordonne par un nouveau jugement la démolition de tout ce qui a été fait depuis sa première ordonnance. Du reste, M. Henrion de Pansey n'exige pas la condition de la possession annale pour l'exercice de la dénonciation de nouvel œuvre.

M. Carré[2] n'admet pas la dénonciation de nouvel œuvre comme action spéciale, mais seulement comme action incidente à une autre, soit possessoire, soit pétitoire; ce n'est qu'une simple provision qu'il faut demander au juge saisi d'une contestation, incidemment à la demande principale.

M. Troplong, comme M. Henrion de Pansey, estime que l'on ne doit faire usage de la dénonciation que s'il s'agit de travaux commencés sur le fonds d'autrui; si les travaux sont terminés, ou pratiqués sur le propre

[1] Chap. 38.
[2] *Lois de l'organisation et de la compétence*, t. 1er, p. 499 et sv.

fonds du demandeur, celui-ci devra avoir recours à la complainte. La dénonciation de nouvel œuvre est une action principale, essentiellement préventive, exercée soit par le possesseur, soit par le propriétaire, action qui, suivant l'un ou l'autre de ces cas, est possessoire ou pétitoire, et qui a pour but, non de faire démolir des travaux achevés, mais de s'opposer à leur continuation.

« En résumé, dit M. Troplong, la dénonciation de nouvel œuvre, prise dans son véritable sens, est une mesure de précaution, une simple inhibition de construire, qui tantôt se lie à la possession, tantôt à une question de propriété, et qui, suivant l'exigence des cas, peut être portée soit devant le juge du possessoire, soit devant le juge du pétitoire. Dire que par elle-même elle est essentiellement possessoire, c'est une exagération, et par conséquent une erreur; dire qu'elle n'est jamais une action possessoire, et qu'elle ne saurait être qu'un incident, soit dans le pétitoire, soit dans le possessoire, c'est également sortir de la vérité[1]. »

Enfin, suivant un quatrième système que nous croyons infiniment préférable aux autres, la dénonciation de nouvel œuvre n'est autre chose que la complainte; elle est soumise aux mêmes lois et aux mêmes conditions, et ne peut notamment être exercée que par celui qui a la possession annale; cependant, de même que la complainte prend le nom de réintégrande lorsque le trouble a été suivi de dépossession, de même elle prend le nom de dénonciation de nouvel œuvre, lorsque le trouble consiste en un nouvel œuvre, et plus spécialement encore lorsque c'est sur le fonds du défendeur que l'en-

[1] Troplong, *Prescr.*, I, n° 323.

treprise s'exécute. Cette action s'intente soit avant, soit après l'achèvement des travaux, et, dans les deux cas, le demandeur peut également conclure à leur démolition et au rétablissement des lieux dans leur ancien état[1].

Le système qui vient d'être exposé en dernier lieu s'était déjà produit sous l'empire du Code de procédure, et Merlin en avait été le premier représentant; comme on le voit, il consistait à décider en définitive qu'il n'y avait plus de dénonciation de nouvel œuvre, et telle était assurément la seule manière de voir possible en présence du silence de nos Codes, et surtout devant la disposition formelle de l'art. 1041 du Code de procédure. Toute autre opinion était arbitraire et n'avait d'autre base que le caprice de son inventeur.

Dans cette situation survint la loi du 25 mai 1838, qui, dans son art. 6, 1°, attribue aux juges de paix la connaissance des *dénonciations de nouvel œuvre*, complaintes, actions en réintégrande et autres actions possessoires fondées sur des faits également commis dans l'année.

Cette disposition souleva de grandes discussions. Du soin que le législateur avait mis à nommer spécialement la dénonciation de nouvel œuvre, quelques jurisconsultes en conclurent à sa réapparition dans notre droit comme action distincte des actions possessoires.

Il est aisé de démontrer en quoi ce raisonnement péchait: la dénonciation de nouvel œuvre est nommée, c'est vrai, mais pour être assimilée aux autres actions

[1] Voir en ce sens: Zachariæ, § 191, texte et note 7 et 8; Garnier, p. 29 et 30; Curasson, II, p. 21 et sv.; Bélime, n°s 361 et sv.; Dalloz, *Rép.*, v° *Act. poss.*, n° 157; Crémieu, n°s 246 et sv.; Parieu, p. 168.

possessoires, et dès lors elle doit être réglée par les mêmes principes, et ne différer d'elles, comme nous l'avons indiqué, que par la nature du trouble qui lui donne naissance. Par ces mots, « fondées sur des faits également commis dans l'année », le rédacteur de la loi montre qu'il a en vue aussi bien des travaux achevés que des travaux commencés, et, de peur qu'on ne se méprenne sur la portée de ces mots, un membre de la chambre des pairs eut soin d'indiquer, lors de la discussion de la loi, qu'ils devaient aussi bien se rapporter à la dénonciation de nouvel œuvre qu'à toute autre action possessoire [1].

Nous avons dit que la dénonciation de nouvel œuvre avait lieu spécialement pour des travaux exécutés sur le fonds du défendeur, et il est à peine besoin d'indiquer en quoi pourra consister le trouble dans cette hypothèse : ce sera en une atteinte portée à la jouissance du possesseur, soit en lui imposant une servitude dont il n'est pas tenu, soit en formant obstacle à l'exercice de celle qui lui est acquise. Mais, ici, le seul fait de l'entreprise ne suffira pas pour constituer le trouble, comme cela peut avoir lieu dans le cas de travaux pratiqués sur le fonds du demandeur, qui par eux-mêmes indiquent une contestation faite à la possession de ce dernier; dans notre hypothèse, il faudra de plus qu'il y ait préjudice actuel ou au moins éventuel; car, en excipant de sa possession, le défendeur ne contesterait pas nécessairement celle de son adversaire. La question à débattre est celle-ci : la manière dont le défendeur prétend posséder son bien est-elle de nature à causer un trouble actuel ou futur à la possession du deman-

[1] V. Bélime, nº 364.

deur? En cas d'affirmative, il y aurait réellement trouble[1].

La jurisprudence n'a pas eu, sur la question qui nous occupe, la même fixité que pour la réintégrande.

Après avoir décidé par plusieurs arrêts que la dénonciation de nouvel œuvre n'existait plus comme action spéciale[2], la Cour de cassation est venue à deux reprises consacrer le système de M. Henrion de Pansey[3].

Mais depuis, la Cour suprême a abandonné le système de M. Henrion de Pansey, pour revenir à sa première opinion qu'elle a consacrée par de nombreux arrêts : cette jurisprudence paraît aujourd'hui bien affermie[4].

« Attendu, disent ces arrêts, que l'action possessoire est de la compétence exclusive du juge de paix et a pour effet de faire rétablir la possession en l'état où elle était avant le trouble; que le caractère de cette action n'est pas dénaturé par la circonstance que les ouvrages qui constituent le trouble ont été faits et terminés sur le fonds du défendeur avant l'action;... Que la loi ne distingue pas si le trouble qui donne lieu à une action possessoire a été causé par un ouvrage terminé, ou seulement par un ouvrage en cours d'exécution; qu'il suffit que ce trouble ait eu lieu dans l'année pour que le juge de paix, saisi par l'action de celui qui jusque-là était

[1] Zachariæ, § 189, note 1; Curasson, II, p. 32; Req., 19 nov. 1812, Laserre; Req., 6 déc. 1827, Salles; Cass., 2 déc. 1829, Bras-Dumas; Req., 14 août 1832, Moutier.

[2] Req., 13 avril 1819, Guérin; Cass., 11 juillet 1820, Calvet.

[3] Req., 15 mars 1826, Marin; Req., 14 mars 1827, Lenclud.

[4] Rej., 28 avril 1829, Petit; Req., 14 avril 1830, Clément; Rej., 22 mai 1833, Bayle; Cass., 27 mai 1834, Lebon; Cass., 17 juin 1834, Pradelles; Cass., 28 mars 1836, Renard; Cass., 25 juillet 1836, Poilly; Cass., 30 janv. 1837, Monnier; Req., 5 févr. 1838, Villebresme.

en paisible possession, soit compétent pour en connaître, et que le trouble de possession soit constant, pour qu'il y ait lieu de la rétablir et de lever les obstacles qui s'y opposent.... »

Ces motifs reproduisent exactement le système que nous avons admis; ils reconnaissent même implicitement au juge de paix la faculté d'ordonner le rétablissement des lieux dans leur premier état, ce qui est pour lui le seul moyen de faire cesser le trouble. Mais, sur ce dernier point, M. Bélime est saisi d'un scrupule : le juge de paix devra-t-il ordonner la destruction des travaux commencés ou achevés, alors même que, dans sa prudence, il l'estimerait inutile ou dangereux? N'y aurait-il pas une rigueur extrême à imposer une mesure *provisoire* qui, dans bien des cas, serait irréparable, et ne doit-on pas penser qu'autoriser le juge de paix à faire détruire des ouvrages commencés ou même terminés, ce serait l'investir d'une juridiction exorbitante?

Non, ne reculons pas devant les conséquences d'un principe; le juge de paix peut ordonner le rétablissement des lieux dans l'état où ils se trouvaient avant l'entreprise; ne craignons pas d'ajouter qu'il devra aussi faire détruire les travaux, si le demandeur, reconnu possesseur, l'exige : mais, en fait, cette difficulté ne se présentera pas lorsqu'il s'agira de travaux importants, car la crainte de succomber au pétitoire empêchera tout plaideur sensé d'exiger prématurément la destruction d'ouvrages qu'il pourrait être condamné à rétablir à ses frais.

CHAPITRE V.

DES CONDITIONS REQUISES POUR L'EXERCICE DE L'ACTION POSSESSOIRE. — DE LA PRESCRIPTION DE CETTE ACTION.

Nous nous sommes efforcé de prouver jusqu'à présent qu'il n'y a plus aujourd'hui qu'une seule action possessoire, qui est cependant susceptible de se diviser en trois espèces, suivant les circonstances dans lesquelles elle est intentée; c'est un point que nous regardons comme établi et sur lequel nous ne reviendrons plus; désormais donc, nous ne parlerons plus que de l'action possessoire en général, sans avoir à faire aucune distinction, ou, si nous parlons de la complainte, ce sera pour comprendre toutes les actions possessoires sous ce nom générique.

L'exercice de l'action possessoire suppose:

1° La possession légale continuée pendant l'espace d'une année;

2° L'existence d'un trouble.

Nous n'avons pas à revenir sur les détails qui ont été donnés au sujet des caractères de la possession et de la nature du trouble possessoire.

Suivant l'art. 23 du Code de procédure, les actions possessoires doivent être formées *dans l'année du trouble*, et cette exigence de la loi forme une troisième condition requise pour l'exercice de ces actions, condition qu'il faut se garder de confondre avec celle de la possession annale.

La prohibition d'agir plus d'une année après le trouble paraît au premier abord une conséquence de la condition de la possession annale : effectivement, si le trouble a eu lieu depuis plus d'un an et s'il a été suivi de dépossession, il arrivera la plupart du temps qu'un autre aura acquis à son tour la possession légale[1]. Cependant les choses ne se passent pas nécessairement ainsi, et il peut aussi se faire que le trouble n'ait pas entraîné au profit de son auteur l'acquisition de la possession, soit que sa possession n'ait pas eu les caractères voulus par la loi, soit que l'objet litigieux ait passé entre plusieurs mains pendant l'année qui a suivi le trouble.

Le droit romain, qui n'exigeait pas la possession annale, avait néanmoins imposé au possesseur troublé la nécessité d'agir avant l'écoulement d'une année.

Beaumanoir et tous nos anciens auteurs ont reproduit cette déchéance, en sorte que le Code de procédure, par la disposition qui se trouve en tête de l'art. 23, n'a fait que consacrer une règle déjà fort ancienne.

Il est aisé d'indiquer, comme ayant pu motiver cette prescription d'un an, divers motifs autres que l'acquisition probable de la possession par un tiers, quoique cette circonstance ait pu frapper l'attention du législateur français.

D'abord le désir d'éviter au juge de paix les difficultés de l'appréciation de faits de trouble commis depuis plus d'un an.

Ensuite, n'a-t-il pas dû paraître très-naturel de faire perdre au bout d'un an les avantages de la possession qui s'acquièrent par le même délai ? Et l'inaction prolongée pendant un an, de la part de celui qui a été dépossédé, peut-elle s'interpréter autrement que par une renonciation à la possession ?

[1] V. Pothier, *Poss.*, n° 102.

Si, au contraire, c'est l'auteur du trouble qui a discontinué ses agressions pendant un an, cette manière d'agir de sa part fait voir qu'il renonce à ses prétentions sur l'objet possédé par son adversaire, et dès lors la complainte devient inutile.

Ainsi donc, quoi qu'il arrive, que le défendeur ait ou non acquis la possession, l'exercice de l'action possessoire n'est plus possible après le délai d'un an à partir du trouble[1].

— Plusieurs questions ont été soulevées à propos de la prescription dont nous nous occupons.

1° Court-elle contre les incapables?

La généralité des auteurs anciens décidait l'affirmative et les auteurs modernes n'ont pas hésité à se prononcer presque unanimement dans le même sens, malgré la règle générale de l'art. 2252 du Code Napoléon, et quoiqu'il n'y soit pas fait d'exception spéciale pour notre cas. Mais il est admis généralement par la doctrine et la jurisprudence, que l'exception de l'art. 2278 du Code Napoléon doit être étendue à toutes autres prescriptions courtes, ainsi qu'aux déchéances établies par le Code Napoléon, les Codes de commerce et de procédure, et que celles-ci doivent courir aussi bien contre les mineurs que contre les majeurs. Ce système doit évidemment s'appliquer à la prescription de notre action, qu'il faut d'ailleurs plutôt considérer comme une déchéance.

M. Pigeau est seul signalé comme ayant soutenu la négative; mais son opinion est évidemment contraire au vœu de la loi qui est de donner une prompte solution aux questions possessoires. D'ailleurs, les intérêts

[1] Cass., 6 avril 1824, Fayol; Req., 9 déc. 1823, Lestie.

des incapables sont suffisamment sauvegardés et par la ressource de l'action pétitoire, et par le recours que la loi leur accorde contre qui de droit [1].

2° Le délai d'un an court-il contre le propriétaire qui a ignoré le fait du trouble ?

La généralité des termes de l'art. 23 du Code de procédure ne permet pas d'hésiter à répondre affirmativement, d'autant plus que les art. 614 et 1768 du Code Napoléon, imposant à l'usufruitier et au fermier l'obligation d'avertir le propriétaire, semblent prévoir le cas dont nous parlons, et réservent au propriétaire une action en dommages-intérêts contre ceux-ci pour le préjudice que le trouble aurait pu lui occasionner à son insu. D'ailleurs, ici se représente encore la raison de la célérité indispensable dans les contestations sur la possession [2].

3° Lorsqu'il s'agit de troubles qui ne peuvent s'accomplir que dans un certain espace de temps, comme, par exemple, de travaux, de constructions, la prescription annale court-elle de la date où l'ouvrage a été commencé, ou bien de celle où il a été achevé?

La première solution doit être préférablement adoptée, car l'on suppose que le trouble s'est produit du moment où les travaux ont été entrepris, et dès lors il a été loisible au possesseur d'intenter son action. Il serait contraire à l'équité de laisser le constructeur poursuivre tranquillement ses travaux, et de ne lui contester son droit qu'au moment où tout serait terminé. Le pos-

[1] Henrion de Pansey, c. 39; Garnier, p. 100; Bélime, n° 355; Curasson, II, p. 69; Crémieu, n° 320; Dalloz, *Rép.*, v° *Act. poss.*, n° 586.

[2] Zachariæ, § 189, *in fine*; Curasson, II, p. 70; Dalloz, *Rép.*, v° *Act. poss.*, n° 578; Rej., 12 oct. 1814, Petit.

sesseur, une fois averti, n'est pas excusable s'il tarde à s'élever contre la prétention qui le menace. Mais il en serait tout autrement si le trouble ne devait résulter qu'indirectement de travaux entrepris par un tiers; alors il est certain que le délai ne pourrait courir que du jour où le préjudice aurait été causé et aurait pu parvenir à la connaissance du possesseur ou de ses représentants. Ainsi il a été jugé que des travaux étant commencés depuis plus d'un an, mais le trouble ne s'étant produit que postérieurement par la continuation de ces travaux, l'action était encore acceptable[1].

4° La prescription dont il est question est-elle interrompue par des poursuites correctionnelles exercées par le possesseur contre l'auteur du trouble, lorsque le fait d'où résultait le trouble était accompagné de circonstances caractérisant un délit?

Un arrêt de la Cour de cassation[2] a décidé, fort bien à notre avis, dans le sens de la négative, par le motif que l'action intentée devant le tribunal correctionnel n'a pour objet que la répression du délit, et ne peut dès lors suppléer l'action en complainte qui en est distincte et indépendante[3].

M. Curasson a élevé contre cet arrêt une critique qui ne nous paraît pas entièrement juste.

Sans doute, dit cet auteur, l'action correctionnelle n'a pour but que la répression du délit, quand elle est intentée à la requête du ministère public; mais il n'en est pas de même quand le tribunal correctionnel est saisi par celui qui a souffert du dommage. Quel est alors

[1] Req., 9 janv. 1833, Beauguillot; Bélime, nos 357 et sv.; Curasson, II, p. 70; Dalloz, ibid., nos 582 et sv.

[2] Cass., 20 janv. 1824, Gaide-Roger.

[3] Dans le même sens : Zachariæ, § 189, *in fine*; Dalloz, ibid., no 588.

le but de la plainte? C'est d'obtenir les réparations civiles résultant du délit. « Que le tribunal de répression ne soit pas appelé à statuer sur la maintenue possessoire, toujours est-il que sa décision parvient au même but, puisqu'il adjuge les dommages-intérêts résultant du trouble, et peut ordonner, s'il y a lieu, le rétablissement des choses dans l'état où elles étaient, ayant à cet égard la même compétence que le juge civil[1]. »

M. Curasson ne va-t-il pas trop loin en permettant au juge saisi de l'action criminelle d'ordonner le rétablissement des choses dans leur état primitif? Que le juge prononce sur les dommages-intérêts, soit, il le peut, parce que c'est là une suite directe du délit qu'il est appelé à punir, mais il outrepasserait la mesure de sa compétence en statuant sur la possession ou la propriété. L'arrêt précité avait donc raison de dire que l'action correctionnelle n'a pour objet que la répression du délit, et que, par suite, on ne saurait l'invoquer comme cause de suspension de la déchéance de l'action possessoire.

5° Le délai pendant lequel on peut intenter l'action possessoire doit-il être d'an et jour, ou bien suffit-il que l'année soit accomplie?

La même question peut être faite au sujet de l'année de possession exigée pour l'exercice de l'action La raison de douter provient de ce que tous les anciens auteurs exigeaient l'an et jour. Ce jour en sus de l'année avait été ajouté pour éviter les contestations de calcul sur le délai : *Ut omnes molestæ quæstiones de anni tempore tollantur.* Mais le Code de procédure ne parlant que d'une année, sur quoi se fonderait-on pour exiger

[1] Curasson, II, p. 72.

un jour de plus, si par extraordinaire cette question pouvait se présenter dans la pratique? Et si l'on en était réduit à avoir strictement le compte voulu par la loi, ne pourrait-il pas surgir des contestations aussi bien si le délai était d'an et jour que s'il n'était que d'un an?

L'argument indirect que M. Curasson tire, en faveur de l'an et jour, de l'art. 2243 du Code Napoléon, qui exige, pour l'interruption de possession, que le possesseur ait été privé pendant *plus d'un an* de la jouissance de la chose, doit à notre avis être paralysé par la disposition formelle de l'art. 23 du Code de procédure [1].

CHAPITRE VI.

DES CHOSES ET DES DROITS QUI PEUVENT ÊTRE L'OBJET DE L'ACTION POSSESSOIRE.

Nos lois actuelles n'indiquent nulle part les biens qui peuvent devenir l'objet d'une action possessoire. Au contraire, l'ordonnance de 1667 disait dans l'art. 1er de son titre XVIII : «Si aucun est troublé en la possession et jouissance d'un *héritage*, ou *droit réel*, ou *universalité de meubles*,... il peut... former complainte... »

Faut-il, dans le silence de nos Codes, accepter entièrement la décision de l'ordonnance qui vient d'être citée, c'est ce que nous allons examiner en traitant d'abord des meubles, puis des immeubles corporels, puis enfin des objets incorporels.

[1] Voir dans notre sens : Toullier, XI, n° 127; Garnier, p. 86; Bélime, n° 348; Crémieu, n° 269. — En sens contraire : Curasson, II, p. 68.

SECTION PREMIÈRE.

Des meubles.

Le droit romain accordait aux meubles à peu près la même protection qu'aux immeubles. Non-seulement le propriétaire pouvait revendiquer sa chose entre les mains des tiers, sans distinction entre les meubles et les immeubles, mais encore on sait qu'il existait un interdit spécial, l'interdit *utrubi*, pour protéger la possession des choses mobilières.

Nous avons cru trouver dans Beaumanoir la trace d'une action de dessaisine appliquée aux meubles ; mais si, à cette époque encore, l'on donnait à celui qui avait été dépouillé d'un meuble le moyen d'en recouvrer la possession, la complainte ne pouvait sans doute plus s'exercer en matière mobilière pour simple trouble. C'est du moins ce qu'attestent bientôt après la plus grande partie des auteurs et des coutumes[1]. Il est vrai de dire que le simple trouble distinct de la dépossession ne peut s'imaginer que difficilement lorsqu'il s'agit de meubles ; mais, indépendamment de cela, il y avait un autre motif pour lequel toute action possessoire, même en cas de dépossession, dut bientôt être refusée lorsqu'il s'agissait de meubles : nous voulons parler de ce mépris pour la propriété mobilière qui commença à se manifester au moyen âge sous l'empire des idées féodales, et qui ne tarda pas à se généraliser. Au contraire, la propriété immobilière prenait une importance d'autant plus considérable, semblant seule digne d'attirer l'attention du législateur.

Par une conséquence nécessaire de cette manière de

[1] Parieu, p. 136.

voir, l'on en vint peu à peu à soumettre les meubles à une prescription d'abord d'une durée moins longue, puis instantanée et n'exigeant d'autre condition que la possession; par suite, la possession se confondant avec la propriété, il devint inutile de séparer l'instance possessoire de l'instance pétitoire. «Pour simples meubles, dit Loisel, on ne peut intenter complainte, mais en iceux eschet adveu et contre adveu [1].

L'*adveu* était une action qui dans diverses Coutumes fut créée spécialement pour les meubles, afin d'en poursuivre à la fois la propriété et la possession; d'une nature complexe, elle tenait à l'action pétitoire par son but qui était la revendication, et à l'action possessoire par sa procédure qui se faisait par applégement, contre-applégement et séquestre. L'on a trouvé quelques indices de l'existence de cette action antérieurement même au treizième siècle, mais elle était tombée en désuétude, au moins au Châtelet de Paris, au temps de Charondas, qui vivait au seizième siècle [2].

L'ordonnance de 1667, en permettant de former la complainte pour une universalité de meubles, la dénie par là-même implicitement pour simples meubles.

Pothier [3] refuse positivement à la complainte et à la réintégrande toute application aux objets mobiliers, et il cite à l'appui de son opinion l'autorité de la Coutume de Paris, dont l'art. 97 était ainsi conçu: «Aucun n'est recevable de soi complaindre et intenter les cas de nouvelleté pour une chose mobilière particulière, mais bien pour universalité de meubles comme en succession mobilière.»

[1] V, IV, règle 15.
[2] Parieu, p. 138.
[3] *Poss.*, nos 93 et 108.

La jurisprudence ancienne était unanime à déclarer l'action possessoire inapplicable aux objets mobiliers; quelques auteurs seulement étaient allés jusqu'à refuser la revendication au propriétaire d'un meuble, préparant ainsi la règle de notre art. 2279 : En fait de meubles, possession vaut titre [1].

Nos Codes ayant proclamé cette dernière maxime, alors qu'elle n'était admise qu'exceptionnellement par le droit ancien, il faut décider à bien plus forte raison qu'il était dans l'intention du législateur moderne de repousser l'action possessoire en matière mobilière, ainsi que cela était universellement pratiqué autrefois.

Tous les auteurs se sont d'ailleurs prononcés en ce sens, aussi ne croyons-nous pas devoir insister davantage sur ce point [2].

— Si l'on est unanime en ce qui concerne les choses mobilières considérées individuellement, on est au contraire fort divisé au sujet des universalités de meubles, pour lesquelles nous avons vu la Coutume de Paris et l'ordonnance de 1667 autoriser l'exercice de l'action possessoire. Il faut même le dire, la généralité des anciens auteurs n'avait point hésité à se prononcer dans le même sens que la Coutume de Paris. Ce n'est donc que dans la doctrine moderne que des doutes ont commencé à être émis sur le mérite de cette opinion.

Il semble que l'on peut accuser les anciens auteurs d'avoir admis la décision dont nous parlons, sans trop

[1] Bourjon, *Droit comm. de la France*, t. 1er, p. 145, l. 2, t. 1er, c. 6, sect. 1.

[2] Henrion de Pansey, c. 45, § 3; Zachariæ, § 187, 2°; Troplong, *Prescription*, n° 281; Bélime, n° 273; Crémieu, n° 367; Parieu, p. 166, etc. — M. Renaud, professeur à Berne, est seul cité comme ayant soutenu l'opinion contraire; v. Crémieu, *loc. cit.*

en contrôler les motifs, ou tout au moins sans avoir cherché à les faire connaître; cependant Duplessis[1] essaya de la justifier, en disant que les universalités de meubles ont une certaine saveur immobilière (*sapit quid immobile*), et cette explication est la seule qui ait été reproduite depuis par les auteurs.

Une raison aussi vague peut-elle suffire aujourd'hui à la doctrine pour la décider à adopter une règle dont l'application présenterait une foule d'embarras?

Telle n'est pas notre opinion.

L'ordonnance, dit-on, était formelle, les anciens auteurs unanimes. Cela est vrai, mais n'avons-nous pas rejeté bien des dispositions de l'ordonnance? Et parmi les anciens auteurs, le célèbre Bourjon[2] avait cru devoir s'élever contre cette décision si unanimement acceptée.

Cherchons à préciser les hypothèses dans lesquelles il pourrait y avoir lieu de former complainte pour universalité de meubles. Dans l'esprit de tous les auteurs, il s'agit exclusivement du cas où il y a contestation en matière de succession. C'est ce qu'attestent plusieurs passages cités par Henrion de Pansey[3], et tirés du Grand Coutumier de France, de Laurière et de Bourjon.

L'art. 97 de la Coutume de Paris, que nous avons cité plus haut, indique la même idée.

Écoutons aussi Loisel: « Succession universelle de meubles et généralement toutes choses qui ont nature d'héritages ou de droict universel, chéent en complaintes[4].»

[1] Duplessis, *Sur la Coutume de Paris*, *Traité des actions*, l. 1er (Paris 1699, p. 202).

[2] *Droit commun de la France*, Paris 1775, t. 2, p. 512, n° 26.

[3] C. 45, § 5.

[4] Loisel, V, IV, *Reg.*, 17.

Pothier parle dans le même sens : « Je me suis mis en possession de la succession mobilière d'un défunt ; j'en ai joui pendant an et jour : au bout de ce temps, il vient un tiers qui se prétend héritier à mon exclusion, et qui apporte quelque trouble à ma possession, *putà*, en faisant des poursuites en son nom contre les débiteurs de la succession. Je puis intenter contre lui la complainte, aux fins que je sois maintenu et gardé en la possession de cette succession, et qu'il lui soit fait défenses de m'y troubler, sauf à lui de se pourvoir au pétitoire[1]. »

Citons aussi l'avis de M. Zachariæ : « Les choses mobilières, considérées individuellement, ne sauraient être l'objet de l'action possessoire. Arg. art. 2279. Cette action ne peut même, en fait d'universalités de meubles, être exercée que par l'héritier ou le légataire universel, auxquels la loi attribue la saisine héréditaire[2]. »

Ainsi donc, de l'avis de tous les auteurs, ce ne serait qu'au cas de succession que l'on voudrait appliquer l'action possessoire pour universalité de meubles. Mais ne voit-on pas qu'il s'agit alors pour le complaignant, non pas de faire preuve d'actes de possession matériels exercés vis-à-vis de chacun des meubles dont se compose l'universalité, mais bien d'établir qu'il a la saisine légale de cette universalité, de cette abstraction juridique, ce qui en définitive équivaut à établir son titre de légataire ou d'héritier : or, cela ne peut se faire dans un procès possessoire : de pareilles discussions sont essentiellement du ressort de l'action pétitoire, et le juge de paix qui les aborderait violerait formellement la défense faite par l'art. 24 du Code de procédure, d'examiner le fond du droit.

[1] Pothier, *Possession*, n° 94.
[2] Zachariæ, § 187, 2°.

Si, au contraire, vous cherchez à établir une autre hypothèse dans laquelle il n'y ait pas de contestation sur le fond du droit, sur la qualité des plaideurs, vous soulevez inévitablement tous les embarras que l'on a voulu éviter en rejetant l'action possessoire pour les meubles isolés : car alors il faut supposer un trouble de fait, par exemple, l'enlèvement de tout ou partie du mobilier, et dans ce cas, que de difficultés pratiques! Quel sera le juge de paix compétent? Non pas sans doute celui de la situation de l'objet litigieux, puisque les meubles n'ont pas d'assiette fixe. Sera-ce le juge de paix du lieu de l'ouverture de la succession? Mais, si les meubles sont déjà dispersés, que de complications! Comment parvenir à recomposer cette masse, cette universalité?... Les formalités nécessaires en pareil cas ne cadreraient pas avec la simplicité de l'action possessoire.

Ainsi donc, pas de milieu, ou il y a contestation sur un titre, une qualité, et ce procès ne peut se vider au possessoire, ou bien il s'agit d'un trouble de fait, et alors on se retrouve, non plus en face de l'universalité, mais en face de chaque unité dont se compose cette masse, de chaque meuble en particulier, et l'on en reviendrait à exercer la complainte pour simples meubles.

Au surplus, disons-le en terminant, cette question est purement théorique, et si nous nous en sommes occupé, c'est parce qu'elle a été et est encore vivement controversée. Mais, si l'on descend dans le domaine de la pratique, l'on peut dire avec Bourjon[1] : « C'est vain examen, vaine curiosité. » En effet, les recueils d'arrêts n'en présentent pas un qui ait jugé la question, et la jurisprudence n'a pas eu encore, que nous sachions, l'oc-

[1] *Loc. cit.*

casion de se prononcer sur la difficulté que nous avons examinée[1].

— Une exception à la règle qui refuse l'action possessoire aux objets mobiliers avait été admise par l'ancienne jurisprudence en faveur des choses saintes et notamment des reliques. Certainement, personne ne concevrait aujourd'hui la pensée de reproduire cette exception[2].

Mais que faut-il dire des meubles qui deviennent immeubles par destination, en vertu des art. 524 et 525 du Code Napoléon?

Il est évident que ces meubles ne prennent la qualité d'immeubles qu'accessoirement et par suite de leur adhésion à l'immeuble principal; que s'ils venaient à en être séparés, ils reprendraient leur caractère mobilier, et par conséquent ne pourraient plus être réclamés par la voie de la complainte[3]. Mais ils pourraient donner lieu à l'emploi de cette action, s'ils venaient à être enlevés par une personne qui aurait des prétentions à la possession de l'immeuble principal, et dans ce cas ce serait pour l'immeuble et non pour les meubles que l'on agirait en complainte : le juge qui aurait à statuer sur la possession du fonds comprendrait dans sa décision tous les accessoires qui en feraient partie.

Dans toute autre circonstance, les immeubles par destination, séparés du fonds et pris isolément, ayant repris leur caractère mobilier, ce serait par toute autre

[1] Voir dans notre sens : Garnier, p. 194; Curasson, p. 122; Bélime, nº 278; Crémieu, nº 369; Dalloz, *Rép.*, vº *Act. poss.*, nº 499. — En sens contraire : Henrion de Pansey, c. 45, § 5; Troplong, *Prescr.*, nº 281; Boitard, 2, nº 113; Marcadé, sur l'art. 2228, 3, *in fine*.

[2] Bélime, nº 277.

[3] Henrion de Pansey, c. 45, § 4, et Garnier, p. 203 et sv., paraissent décider le contraire.

voie qu'il faudrait agir, par exemple, par la voie criminelle s'il y avait eu vol[1].

— Enfin, à l'inverse, comment faudra-t-il statuer sur les immeubles ameublis par une clause d'ameublissement? Sans aucun doute, ils pourront être l'objet de l'action possessoire, car la clause qui change leur nature ne saurait avoir d'effet qu'entre les parties qui l'ont consentie; cette clause n'avait d'autre but que de faire tomber les immeubles dans la communauté, et ne peut empêcher qu'ils ne conservent leur nature à tout autre point de vue, et principalement aux yeux des tiers qui viendraient à en être possesseurs[2].

SECTION II.

Des immeubles corporels.

Ce sont les immeubles corporels qui ont toujours été et sont encore l'objet le plus fréquent de l'action possessoire. Toutefois ce point souffre plusieurs restrictions qu'il faut indiquer.

Les biens qui, placés hors du commerce, ne peuvent être acquis par usucapion, ne sauraient, en général, donner lieu à la complainte[3]. Ce principe est admis par la doctrine et la jurisprudence, et d'ailleurs fondé en raison. En effet, on ne peut imaginer l'existence de la possession, qui n'est qu'une présomption de propriété, lorsque la propriété est elle-même impossible.

Il faut comprendre dans la catégorie qui vient d'être indiquée : les biens de l'État ou des communes, des-

[1] Curasson, II, p. 125; Dalloz, *Rép.*, v° *Act. poss.*, n° 492; Bélime, n° 274; Crémieu, n°s 332 et sv. Voir cependant : Req., 18 août 1842, Billard.

[2] Garnier, p. 208 et sv.; Curasson, II, 127.

[3] Zachariæ, § 187.

tinés à l'usage commun des citoyens, ou bien dont le gouvernement use par lui-même dans un but d'utilité générale, tels que les chemins, routes et rues, à la charge de l'État, des départements et des communes; les fleuves et rivières, les rivages de la mer, les ports, havres et rades, les fortifications, églises et édifices publics, etc. Pour tous ces biens, on ne saurait concevoir d'appropriation privée; l'usage public et constant qui en est fait exclut toute possibilité de possession légale.

Mais ces biens peuvent rentrer dans le commerce, et par suite redevenir l'objet de l'action possessoire, dès que leur destination primitive est légalement changée.

Une difficulté peut se présenter. Si, dans une contestation possessoire, l'une des parties allègue que le fonds en litige rentre dans la catégorie des biens que nous venons d'indiquer, que doit faire le juge? Il semble qu'il se trouve dans une alternative sans issue. En effet, juger au possessoire, c'est s'exposer à appliquer la possession à des choses qui n'en sont point susceptibles; d'un autre côté, déclarer que la chose est imprescriptible, c'est juger au pétitoire, ce qui est interdit au juge de paix. Comment donc sortir de cet embarras?

La Cour de cassation a érigé sur ce point une doctrine très-sensée. S'il peut y avoir doute sérieux sur la nature de l'objet litigieux, le juge de paix doit maintenir le possesseur en jouissance [1]. Si, au contraire, le caractère de l'immeuble ressort évidemment du simple aspect des lieux, si l'on peut reconnaître à des signes non équivoques que cet immeuble est placé hors du

[1] Cass., 4 déc. 1833, Thély.

commerce, le demandeur devra être débouté, sans que l'on puisse reprocher au juge d'avoir préjugé la question de propriété [1].

— Quant aux biens de l'État et des communes qui ne sont pas consacrés à un service public, l'on sait qu'ils sont aliénables et prescriptibles, et par suite susceptibles d'être l'objet de l'action possessoire [2].

— Il est des biens qui, à la différence de ceux que nous avons indiqués en premier lieu, conservent les caractères des propriétés privées et sont destinés comme celles-ci à être loués, habités, cultivés; seulement, par une faveur extraordinaire, la loi les déclare imprescriptibles. Tels sont les biens du domaine de la couronne, les immeubles soumis au régime dotal, ceux des mineurs et des interdits.

Faut-il décider que ces biens, en tant qu'imprescriptibles, ne peuvent devenir l'objet de l'action possessoire?

Non, ici l'on ne saurait appliquer la même décision que plus haut. L'imprescriptibilité qui frappe les biens du domaine public dérive du caractère de la chose elle-même, elle est absolue; au cas actuel, elle tient à la qualité de la personne, elle n'est que relative. Il ne faut pas étendre les dispositions exceptionnelles de la loi qui, sans retirer du commerce les biens dont nous nous occupons, n'a statué à leur égard que pour ce qui concerne l'usucapion. Mais, dira-t-on, en mettant les biens dont s'agit à l'abri de l'usucapion, la loi n'élimine-t-elle

[1] Cass., 25 juillet 1837, V. de Grasse; Req., 25 fév. 1840, Beaussier; Bélime, 239.

[2] Rej., 22 juin 1836, Daniel; Cass., 1er avril 1806, Denaguet; Rej., 18 nov. 1834, Rémond.

pas par là-même l'action possessoire, et ne faut-il pas dire ici comme plus haut, que la possession n'est pas recevable, puisque la propriété n'est pas possible?

Cet argument n'est plus applicable au cas présent: il repose tout entier sur l'imprescriptibilité des biens en question, mais cette imprescriptibilité ne s'annonce par aucun signe extérieur, elle tient à une qualité de la personne, elle résulte d'un titre que le juge du possessoire n'a pas mission d'apprécier. Examiner si la chose est ou non prescriptible, ce serait porter ses investigations sur le fond du droit, qui doit rester étranger au débat possessoire. Il faut donc décider que, dans le cas qui nous occupe, le juge de paix devra purement et simplement maintenir le possesseur légal en jouissance[1].

SECTION III.

Des objets incorporels.

En droit romain, les objets incorporels n'étaient pas susceptibles de possession, mais on avait admis qu'ils pouvaient donner lieu à une quasi-possession. Le droit français a rejeté cette distinction purement théorique, et l'art. 2228 du Code Napoléon, en définissant la possession, l'applique indifféremment à la détention d'une chose et à la jouissance d'un droit. Cela est parfaitement logique: qu'est-ce en effet que la propriété, sinon un droit aussi bien que l'usufruit ou la servitude réelle? Ce droit est, il est vrai, plus étendu que les autres, il crée un lien plus intime avec la chose, il s'identifie pour ainsi dire avec son objet, et de là on en est venu à dire: j'ai cette chose, au lieu de dire: j'ai la propriété de

[1] Bélime, nos 252 à 254; Crémieu, no 329; Dalloz, *Rép.*, ve *Act. poss.*, no 354.

cette chose, comme on dit, j'ai l'usufruit de cette chose; mais, en définitive, la propriété est un droit comme l'usufruit. La loi française a donc été logique en rejetant la distinction romaine, d'ailleurs inutile en pratique.

Du moment que les objets incorporels sont susceptibles de possession, ils doivent pouvoir donner lieu à l'action possessoire, à l'exclusion toutefois de ceux qui sont mobiliers, puisque la complainte n'est jamais possible pour meubles.

Aux termes de l'art. 526 du Code Napoléon, sont immeubles par l'objet auxquels ils s'appliquent:

1° L'usufruit des choses immobilières;

2° Les servitudes ou services fonciers;

3° Les actions qui tendent à revendiquer un immeuble.

Quant aux actions, l'on ne saurait concevoir de trouble ni d'action possessoire exercée à leur égard. Il faut en dire autant des rentes sur l'État, ainsi que des actions de la banque de France et des canaux d'Orléans et du Loing qui peuvent être immobilisées[1].

Nous n'avons donc à nous occuper que de l'usufruit, auquel il faut assimiler l'usage et l'habitation (servitudes personnelles), puis des servitudes réelles.

Dans une troisième subdivision, nous parlerons de certains droits qui ont de l'analogie avec les servitudes.

A. *Des servitudes personnelles.*

Nous avons vu qu'en droit romain déjà, l'usufruitier pouvait exercer les interdits possessoires pour la défense de son droit. Cette disposition était trop rationnelle pour n'avoir pas été admise par la loi française.

[1] Zachariæ, § 187, note 1; Bélime, n° 276; Curasson, p. 123; Crémieu n° 335; Dalloz, *Rép.*, v° *Act. poss.*, n°s 488 et 496.

Pothier disait déjà[1] : « L'usufruitier d'un héritage peut bien former la complainte pour son droit d'usufruit dont il a une quasi-possession, lorsqu'il y est troublé; mais il ne peut pas former la complainte pour l'héritage même, car ce n'est pas lui, c'est le propriétaire qui en est possesseur et qui seul peut former la complainte. »

Ces derniers mots indiquent une distinction sur laquelle il n'est pas nécessaire d'insister. Il est évident que, lorsque l'art. 2236 du Code Napoléon qualifie l'usufruitier de détenteur précaire, cette qualification ne doit pas être prise dans un sens absolu; l'usufruitier est possesseur précaire du fonds qui continue à appartenir au propriétaire, mais il possède *proprio nomine* son droit d'usufruit, et dès lors il a l'exercice de la complainte. Cela est universellement admis par les auteurs et la jurisprudence[2].

Il faut même décider que l'usufruitier peut agir en complainte non-seulement contre les tiers, mais encore contre le propriétaire lui-même, si celui-ci cherchait à le troubler dans sa jouissance. Réciproquement le nu-propriétaire pourrait employer la même action contre l'usufruitier qui lui contesterait la possession du fonds[3].

— Tout ce que nous avons dit de l'usufruit s'applique

[1] *Possession*, n° 100, dernier alinéa.

[2] Henrion de Pansey, c. 40; Zachariæ, § 187, 3°; Curasson, II, p. 112; Bélime, n° 302; Boitard, II, n° 119; Crémieu, n° 338; Rej., 17 juillet 1816, Beaumont; Cass., 6 mars 1822, Watou.

[3] Garnier, p. 306; Curasson, II, 113; Bélime, n°s 302 et 303; Crémieu, n° 339; Demolombe, *De l'usufruit, de l'usage et de l'habitation*, II, n° 337; Cass., 14 déc. 1840, Gardel; Rej., C. cass. de Belgique, 18 nov. 1839.

à l'usage et à l'habitation, qui lui sont entièrement assimilables au point de vue qui nous occupe[1].

B. *Des servitudes réelles.*

Les servitudes réelles se divisent en deux grandes catégories : 1° Les servitudes établies par la loi ; 2° les servitudes établies par le fait de l'homme.

1° Les servitudes établies par la loi constituent pour ainsi dire une manière d'être, une qualité essentielle du fonds au profit duquel elles existent. Contester l'existence de ces servitudes, c'est contester en partie la propriété ou la possession du fonds lui-même. Il y a donc ici un lien intime entre l'immeuble et la servitude, et si l'action possessoire peut être intentée pour le premier, nul doute qu'elle ne soit également recevable pour la seconde. Et comme c'est la loi elle-même qui établit ces servitudes, celui qui en réclamera l'exercice n'aura qu'une chose à prouver, c'est qu'il a la possession annale et légale du fonds, sans avoir d'ailleurs à établir la possession de la servitude elle-même.

Parmi de nombreux arrêts rendus sur la matière, n'en citons qu'un qui suffit pour indiquer l'esprit de la jurisprudence : « Attendu qu'aux termes de l'art. 640 du Code Napoléon, les fonds inférieurs sont assujettis envers ceux qui sont plus élevés à recevoir les eaux qui en découlent naturellement, sans que la main de l'homme y ait contribué ; — que cette obligation, étant consacrée par la loi, est un droit réel fondé en titre, et donne par conséquent au possesseur troublé dans sa possession l'action en complainte contre l'auteur du trouble, etc.[2] »

[1] Arg. art. 625 C. Nap. ; Bélime, n° 305 ; Crémieu, n° 340.
[2] Cass., 13 juin 1814, Leroy.

Cependant la Cour de cassation avait d'abord repoussé[1] les règles précédemment émises pour le droit de passage, en cas d'enclave, qui constitue une servitude légale établie par l'art. 692 du Code Napoléon; un arrêt refusa d'admettre, dans cette hypothèse, l'exercice de la complainte par le motif que le demandeur ne représentait aucun titre pour justifier de l'acquisition de la servitude (nous verrons bientôt qu'il faut un titre pour agir au possessoire en matière de servitudes ordinaires discontinues); mais la Cour ne tarda pas à revenir sur cette jurisprudence et à reconnaître, ce qui est conforme aux vrais principes, que le titre de la servitude légale est dans la loi elle-même. De nombreux arrêts ont consacré cette manière de voir[2].

« Attendu, dit l'arrêt Delahaye, que le fait de l'enclave donne naissance à un titre, et à un titre des mieux fondés et des plus puissants, puisqu'il est formellement consacré par la loi, comme effet irrésistible de la nécessité; qu'ainsi la possession, fondée sur l'enclave, est fondée sur un titre, et qu'elle rend par là l'action possessoire incontestablement recevable, etc. »

2° Les servitudes établies par le fait de l'homme sont continues ou discontinues, apparentes ou non apparentes (C. Nap., art. 688, 689). Les servitudes qui sont à la fois continues et apparentes sont seules susceptibles d'être acquises par prescription (art. 690), et dès lors elles peuvent donner lieu à la complainte.

Au contraire, les servitudes discontinues ou non ap-

[1] Req., 8 juillet 1812, Fresne.

[2] Req., 7 mai 1829, Defrézals; Req., 9 mai 1831, Delahaye; Cass., 18 nov. 1832, Bary; Req., 7 juin 1836, C. de Chauvencourt; Req., 23 mars 1836, Parmentier; Req., 12 déc. 1843, Fléchet; v. Zachariæ, § 187, note 8; Crémieu, n° 344; Bélime, 262.

parentes ne peuvent être établies, même par la prescription immémoriale (art. 691). Cela tient à ce que la possession de pareilles servitudes ne saurait réunir les caractères exigés par la loi pour la prescription: elle est toujours réputée équivoque et exercée à titre précaire; elle manque de publicité, ou bien n'est fondée que sur des actes de simple tolérance. Il ne saurait donc être question d'agir au possessoire à leur occasion. Cette règle générale est admise sans contestation par la doctrine et par la jurisprudence[1].

Mais l'on a accepté à peu près avec la même unanimité une exception à cette règle, pour le cas où la possession des servitudes discontinues s'appuie sur un titre. Alors l'idée de jouissance précaire ou de pure familiarité disparaît, la possession prend un caractère sérieux, elle *se colore*, disent les docteurs; il devient certain que, d'un côté, la servitude a été exercée comme un droit, que, de l'autre, elle a été supportée comme une nécessité.

Mais une objection se présente ici. Il est interdit au juge du possessoire d'examiner le fond du droit: or, apprécier un titre, déclarer que la possession est valablement fondée sur ce titre, n'est-ce pas statuer sur le fond du droit, juger au pétitoire?

Non, que l'on ne s'y trompe pas, le juge ne prononce définitivement ni sur la validité du titre, ni sur l'existence de la servitude; il consulte le titre pour se renseigner sur les caractères de la possession invoquée

[1] Henrion de Pansey, c. 43, § 6; Zachariæ, 187, 3°; Garnier, p. 321; Curasson, II, p. 236; Bélime, nos 255 et 256; Crémieu, nos 350 et sv.; Req., 10 sept. 1811, Sabadini; Req., 3 juin 1835, Chambure.

par le demandeur, pour savoir si elle réunit les qualités exigées par la loi, si elle n'est pas précaire, si elle n'est pas le résultat d'une simple tolérance. Rien n'empêche d'ailleurs les parties de plaider ultérieurement au pétitoire, soit sur la validité du titre, soit sur l'existence de la servitude.

Quoique le juge de paix n'ait pas mission d'apprécier en dernier ressort le titre qui lui est présenté, il ne s'ensuit pas qu'il doive se contenter d'un titre quelconque. Pour qu'un titre ait quelque efficacité, il faut qu'il ait une apparence sérieuse de validité, qu'il soit constitutif, qu'il émane de l'un des propriétaires apparents du fonds servant, et soit connu par le possesseur actuel de ce fonds. L'action du demandeur devrait être rejetée s'il présentait un titre ne réunissant pas ces conditions, aussi bien que s'il ne pouvait en invoquer aucun[1].

La jurisprudence est fixée dans le sens que nous venons d'indiquer; les quelques lignes suivantes, tirées d'un arrêt de la Cour de cassation de Belgique, résument tout ce qui a été dit à ce sujet : « Attendu que l'action possessoire pouvant être intentée pour les servitudes discontinues dont la possession est fondée sur un titre, il en résulte que le juge de paix auquel on présente un titre pour justifier la possession d'une servitude discontinue, doit l'examiner et s'en servir pour sa décision au possessoire, et que, si les parties ne sont pas d'accord sur la portée du titre produit, il doit, dans l'ordre du possessoire et sans préjudice au pétitoire, décider si ce titre imprime à la possession les caractères requis pour

[1] V. Pothier, *Possession*, n° 90; Curasson, II, p. 238; Zachariæ, § 187, 3°; Bélime, n°s 258 et sv.; Crémieu, n°s 354 et sv.

rendre l'action possessoire recevable, etc. (14 janv. 1843. Hermans)[1].

— L'exception qui vient d'être développée ne saurait s'étendre aux servitudes négatives non apparentes, telles que la prohibition de planter ou de construire, et malgré l'existence d'un titre elles ne sauraient jamais donner lieu à la complainte : il est impossible d'imaginer à leur égard des faits de possession appréciables par le juge.

— L'on a cherché à introduire une autre exception à la règle de l'imprescriptibilité des servitudes discontinues, pour le cas où le possesseur du fonds dominant en jouirait après contradiction faite par le possesseur du fonds servant. « On ne peut plus, dit M. Troplong[2], présumer la tolérance de la part du propriétaire qui a résisté, et une possession suffisante pour prescrire sort de ce choc. » Ce raisonnement est séduisant, et il semble en effet que, dans l'hypothèse indiquée, il n'y a plus possibilité de supposer la tolérance et la familiarité; la possession n'est donc plus entachée des vices qui empêchent la prescription, enfin la disposition finale de l'art. 2238 du Code Napoléon offre un argument d'analogie qui n'est pas sans quelque poids; néanmoins cette argumentation vient se briser contre la lettre inflexible de l'art. 691 du Code Napoléon, car l'on ne peut pas dire que la contradiction soit un titre. Nous pensons donc avec M. Bélime[3] qu'il faut repousser cette exception, aussi bien au point de vue de la prescription que de l'action possessoire.

[1] Voir en ce sens : Rej., 24 juillet 1810, Casteret; Req., 2 mars 1820, Lecornu; Cass., 17 mai 1820, Clavier; Req., 10 août 1825, Robin.

[2] *Prescr.*, n°. 393.

[3] N° 257.

C. *De quelques droits qui ont de l'analogie avec les servitudes.*

Sous cette rubrique nous comprenons en premier lieu différents droits d'usage établis au profit des communes dans les bois et forêts, et en second lieu les droits de parcours et de vaine pâture.

C'est une question très-controversée que celle de savoir si les différents droits d'usage dans les bois et forêts sont susceptibles de prescription et de l'exercice de l'action possessoire.

La solution de la question dépend de la nature qu'il faut attribuer à ces sortes de droits, et ici déjà commence la divergence des opinions.

M. Proudhon en fait des droits mixtes, tenant plus de la propriété foncière que de la servitude[1]. M. Bélime[2] estime que les usages dans les forêts participent du caractère de la servitude personnelle, puisqu'ils tendent à attribuer à l'usager une part des fruits du fonds, et qu'ils ne diffèrent guère de l'usage ordinaire qu'en ce qu'ils forment un droit perpétuel et non viager.

Enfin, suivant MM. Henrion de Pansey[3], Troplong[4], Garnier[5], Curasson[6] et Crémieu[7] les droits en question sont de véritables servitudes réelles.

Nous nous rangeons à cette dernière opinion, conforme à la loi romaine[8], à la jurisprudence[9], et enfin

[1] Voir la réfutation de cette opinion: Troplong, *Prescr.*, n° 397.
[2] N° 306.
[3] Chap. 43, § 8.
[4] *Prescr.*, n°s 400-407.
[5] P. 325.
[6] II, p. 255.
[7] N°s 360 et sv.
[8] D. 8, 3, l. 6. p. 1, et l. 1, p. 1.
[9] Req., 6 mars 1817, Bravard; Cass., 6 févr. 1833, Sirey; Cass., 3 avril 1833, préfet de l'Aude.

au Code Napoléon dans lequel on lit (art. 637) qu'une servitude est une charge imposée sur un héritage pour l'usage et l'utilité d'un héritage appartenant à un autre propriétaire. Or, c'est plutôt pour le profit de la commune, du territoire communal que ces droits existent, que pour l'avantage de ses habitants, puisqu'ils s'acquièrent par le fait seul de la résidence, et se perdent par le changement de demeure.

Nous disons de plus que ces servitudes sont discontinues, et cela résulte de l'art. 688 du Code Napoléon, qui range dans la classe des servitudes discontinues les droits de pacage et *autres semblables :* sous ces dernières expressions l'on peut certainement comprendre les droits d'usage dont nous parlons, car leur analogie avec le droit de pacage est manifeste. D'ailleurs, est-il une servitude qui plus que celle-là ait besoin du fait actuel de l'homme?

Les droits en question sont donc des servitudes réelles discontinues, et dès lors, pourquoi hésiterions-nous à leur appliquer l'art. 691 qui ne permet de les établir que par titres, et repousse à leur égard la prescription et par suite l'action possessoire en l'absence d'un titre. M. Troplong recule devant cette conséquence[1]: suivant cet auteur, les motifs qui ont dicté l'art. 691 n'existent pas pour les droits d'usage; il ne saurait être question ni de tolérance ni de familiarité pour des actes aussi importants et dont les conséquences sont si funestes pour le propriétaire. D'ailleurs, l'art. 636 du Code Napoléon porte que l'usage des bois et forêts est réglé par des lois particulières, et d'après les dispositions du

[1] N° 400.

Code forestier, ces servitudes ne peuvent se réaliser sans la délivrance faite par le propriétaire, ce qui exclut toute possibilité de possession clandestine ou équivoque.

L'on ne peut nier le mérite de ces observations, cependant l'art. 691 ne s'élève-t-il pas formellement contre la prétention à laquelle elles aboutissent, prétention d'ailleurs bien justifiée, cela est vrai?

Cependant faisons une remarque. L'on invoque l'importance de ces servitudes pour les rendre prescriptibles, mais ne doit-on pas, à raison de cette importance même, se féliciter de ce que le législateur ait prémuni le propriétaire contre le danger de concessions imprudentes, et dont il n'apercevrait pas au premier abord tout le danger? Si le sacrifice fait par le maître du fonds par esprit de tolérance ou de bon voisinage est plus considérable, est-ce une raison pour l'en punir plus sévèrement par la prescription d'un droit contre lui? Qu'importe même qu'il ait fait la délivrance; n'a-t-il pas pu se fier au législateur, et se dire: cette concession, je la ferai aussi longtemps que bon me semblera, restant toujours maître de la cesser, sans qu'on puisse jamais m'opposer un droit qui ne pourrait naître que par un titre (C. Nap., art. 691).

Nous appliquons donc aux droits d'usage dans les forêts tout ce que nous avons dit sur les servitudes réelles discontinues; ils ne pourront jamais être prescrits, et ne donneront lieu à la complainte que lorsque le demandeur pourra invoquer à l'appui de sa possession, et pour la *colorer*, un titre constitutif de ce droit[1].

[1] Voir les autorités citées plus haut.

— Les droits de parcours et de vaine pâture sont considérés en général comme des actes de simple faculté et de pure tolérance. La raison qu'on en donne, c'est que le propriétaire est maître d'en interdire l'exercice au moyen de la clôture (C. Nap., art. 648). Certainement l'on peut se soustraire à l'exercice de ces droits, mais pour cela il faut se clore, et tant que cette condition n'est pas remplie, ces droits existent comme de véritables servitudes imposées par la loi. Pourquoi donc celui qui serait troublé dans l'exercice de cette servitude ne pourrait-il pas s'y faire maintenir par la complainte[1]?

— Les droits de chasse et de pêche peuvent être considérés comme des espèces de servitudes, dont l'exercice est susceptible d'être protégé par la complainte. Mais il faudrait que le demandeur pût appuyer sa possession sur un titre, soit parce qu'elle serait discontinue, soit parce que le fait de pêcher sans titre est un délit[2].

CHAPITRE VII.

DES PERSONNES QUI PEUVENT INTENTER L'ACTION POSSESSOIRE.

Pour déterminer les règles qui font l'objet de ce chapitre, nous avons à considérer en premier lieu la capa-

[1] Voir en sens divers : Henrion de Pansey, c. 43, § 5; Troplong, *Prescr.*, n° 385; Curasson, II, p. 248; Bélime, n°s 269 et 270; Req., 24 déc. 1816, Prioux; Cass., 22 nov. 1830, Hab. de Rieux.

[2] Curasson, II, p. 150; Dalloz, *Rép.*, v° *Act. poss.*, n°s 485 et 486. En sens contraire : Bélime, n°s 267 et 268; Garnier, p. 339. — Voir aussi l'art. 2 de la loi du 15 avril 1829, sur la pêche fluviale, qui suppose que des droits de pêche peuvent être acquis par possession.

cité légale de celui qui veut agir, et en second lieu la nature du droit dans lequel il veut se faire maintenir.

I. *De la capacité de la personne.*

Il est essentiel de se rappeler au seuil de cette matière le véritable caractère des actions possessoires. Nous l'avons vu maintes fois, ce sont des actions éminemment conservatoires, qui ne touchent en rien au fond du droit, ne préjugent pas la question de propriété, et, par conséquent, rentrent entièrement dans la classe des actes d'administration pure et simple.

Partant de là, nous déciderons avec tous les auteurs, que l'action possessoire peut être exercée par celui qui a un mandat général pour toutes les affaires du mandant [1], par le tuteur au nom de son pupille, et cela sans autorisation du conseil de famille; cette dernière décision peut paraître contraire à l'art. 464 du Code Napoléon, qui exige l'autorisation du conseil de famille pour l'introduction en justice d'une action relative aux droits immobiliers du mineur, mais, par des raisons faciles à apprécier, l'on admet généralement cette dérogation à la lettre de l'article précité, qui paraît n'avoir en vue que les actions ordinaires en revendication [2].

Le mineur émancipé étant réputé majeur quant aux actes de pure administration, il faut en conclure qu'il peut sans l'assistance de son curateur et sans aucune formalité intenter les actions possessoires et y défendre [3].

[1] *Cours de droit civil français*, par MM. Aubry et Rau, 3e édit., § 412; Curasson, II, p. 92; Bélime, no 287; Crémieu, no 375.

[2] Demolombe, VII, no 688; Aubry et Rau, § 114, texte et note 7; Curasson, II, p. 102; Bélime, no 288; Crémieu, no 376.

[3] Aubry et Rau, § 132; Bélime, no 289; Crémieu, no 377; Curasson (II, p. 103) exige l'assistance du curateur.

Au contraire, pour ce qui concerne la personne pourvue d'un conseil judiciaire, il faut appliquer dans toute sa rigueur la prohibition des art. 499 et 513 du Code Napoléon, qui est absolue et n'admet aucune distinction[1].

Les actions possessoires peuvent être exercées au nom de l'absent, suivant les cas, soit par le procureur fondé nommé par lui, soit par le curateur établi en vertu de l'art. 112, soit par les envoyés en possession provisoire (C. Nap., art. 134).

Elles le seront en cas de faillite par les syndics (C. de com., art. 443).

Dans la société civile, par l'administrateur (C. Nap., art. 1856), ou, s'il n'y en a pas, par l'un des associés; dans les sociétés commerciales, en nom collectif ou en commandite, par l'administrateur désigné ou l'un des associés en nom; dans la société anonyme, par le gérant; dans l'association en participation, par tous les participants indifféremment.

Nous pensons que les associés et, en général, tous communistes peuvent intenter la complainte les uns contre les autres, dans le cas où l'un d'entre eux, cessant de jouir au nom de tous, aurait fait des actes de jouissance exclusive et aurait commencé ainsi à posséder en son nom personnel[2].

— Les droits du mari, par rapport aux actions possessoires, doivent être établis comme il suit : sous le régime de la communauté, le mari intentera les actions

[1] Aubry et Rau, § 140; Curasson, II, 103; Bélime, n° 290; Crémieu, n° 378.

[2] Curasson, II, p. 94; Zachariæ, § 188, note 3, *in fine;* Req., 9 uillet 1811, Lamorine; Cass., 27 juin 1827, hospice d'Arles.

non-seulement pour les biens communs, mais encore pour les immeubles de la femme (C. Nap., art. 1428). Dans le cas de séparation de biens contractuelle ou judiciaire, la femme conserve ou reprend ce droit, qu'elle n'exerce toutefois qu'avec autorisation de son mari ou de justice (C. Nap., art. 215, 218, 1449).

Sous le régime dotal, l'action possessoire appartient au mari pour les biens dotaux (art. 1549), et à la femme dûment autorisée pour ses paraphernaux.

La complainte peut être exercée par les héritiers et légataires universels qui ont la saisine et, par conséquent, représentent la personne du défunt (art. 724, 1006); mais elle ne peut l'être par les légataires universels qui sont en concours avec un héritier réservataire, par les légataires particuliers et à titre universel, et par les successeurs irréguliers, que lorsqu'ils ont préalablement obtenu la délivrance de qui de droit (art. 1004, 1014, 1011, 770, 773).

Les actions possessoires sont intentées, au nom de l'État et du département, par le préfet; au nom de la commune, par le maire, qui, dans ce cas, par suite d'une disposition exceptionnelle de l'art. 55 de la loi du 18 juillet 1837, n'a pas besoin de l'autorisation préalable du conseil de préfecture. Un jugement du tribunal de Rouen, en date du 7 août 1840 (Com. des Authieux), a décidé que la dispense d'autorisation est absolue, et n'est pas exigible, même après coup, pour ratifier la demande une fois formée.

II. *Capacité dérivant de la nature du droit réclamé.*

Ce que nous avons à dire ici, a une grande analogie avec ce qui a été exposé au chapitre qui traite de l'objet de l'action possessoire; il ne nous reste qu'à compléter maintenant les notions qui ont déjà été données.

Il résulte de ce qui a été dit, que celui qui est troublé dans la possession d'un immeuble, ou bien d'une servitude personnelle ou réelle, peut agir au possessoire. Nous en dirons autant du superficiaire, dont le droit n'est autre chose qu'une propriété de la surface du sol, et qui pourra former complainte soit contre les tiers, soit même contre le propriétaire du fonds[1].

Le même droit appartient-il au fermier et au locataire? L'on ne peut répondre que négativement par suite de la combinaison des arts. 23 du Code de procédure et 2236 du Code Napoléon; le premier refusant la complainte aux possesseurs à titre précaire, et le second rangeant le fermier dans la catégorie de ces derniers.

M. Bélime[2] n'accepte cette opinion qu'à regret, étant d'avis avec M. Troplong que le bail constitue aujourd'hui un droit réel, par suite de la disposition nouvelle de l'art. 1743. Ce n'est pas le lieu de discuter ici la grave question de la nature du droit de bail. Qu'il nous suffise de dire que, dans notre pensée, le bail n'est aujourd'hui qu'un droit personnel, comme il l'était à Rome et dans notre ancienne jurisprudence. La disposition légale qui refuse la complainte au bailleur nous semble donc parfaitement logique, et nous y adhérons avec la majorité des auteurs et la jurisprudence[3].

Cependant la loi ne refuse pas sa protection au fermier. Est-il troublé par un tiers, qu'il s'adresse au

[1] Curasson, II, p. 191; voir Zachariæ, § 198, note 1.

[2] N° 309.

[3] Pothier, *Poss.*, n° 100; Henrion de Pansey, c. 40; Curasson, II, p. 116; Zachariæ, § 188, note 3; Boitard, II, n° 120; Crémieu, n° 384; Cass., 7 sep. 1808, Lefèvre.

bailleur, tenu de le faire jouir; si le trouble provient du fait du propriétaire, il a contre lui l'action personnelle résultant du contrat.

— Les lois françaises ne parlent point de l'emphytéose, sur la nature de laquelle les auteurs sont très-divisés. La plupart d'entre eux la considèrent comme un droit plus étendu que l'usufruit, une sorte de participation dans la propriété de la chose, sous le nom de domaine utile. Avec cette manière de voir l'on ne peut hésiter à accorder à l'emphytéote l'action possessoire[1].

Mais nous pensons que l'emphytéose prend une physionomie différente suivant qu'elle est perpétuelle ou temporaire; dans le premier cas, l'emphytéote, débiteur d'une rente perpétuelle, d'ailleurs essentiellement rachetable, doit être assimilé à un véritable propriétaire, et comme tel il doit jouir de l'exercice des actions possessoires; dans le second cas, au contraire, l'emphytéote n'est qu'un fermier à longues années, et n'a d'autres droits que celui qui résulte du bail[2].

Cette dernière manière de voir n'est pas celle de la Cour de cassation, qui, dans les motifs d'un arrêt du 26 juin 1822, rendu par la section civile, consacre l'opinion que nous avons indiquée en premier lieu, et, après avoir établi la théorie de l'emphytéose en droit romain, ajoute que ces dispositions ont été admises en France, tant en pays de droit écrit qu'en pays de droit coutumier, et que le Code civil, qui n'a pas traité du bail emphytéotique, ne les a ni changées ni modifiées.

[1] Henrion de Pansey, c. 40; Bélime, n° 307; Garnier, p. 307; Crémieu, n° 386.

[2] Curasson, II, p. 116; Zachariæ, § 198.

La chambre des requêtes a jugé dans le même sens par un arrêt du 19 juillet 1832.

— Le créancier à antichrèse, le dépositaire, le séquestre, le rétentionnaire, doivent être tous considérés comme détenteurs à titre précaire, et comme tels ils n'ont pas le droit d'exercer la complainte[1].

CHAPITRE VIII.

DES PERSONNES CONTRE LESQUELLES ON PEUT INTENTER L'ACTION POSSESSOIRE.

Ici encore, il faut faire entrer en ligne de compte la capacité légale de la personne contre laquelle on veut agir, mais tout ce que nous aurions à dire à cet égard ne serait qu'une répétition inutile de ce qui a été exposé au chapitre précédent, auquel nous nous bornons à renvoyer. Les personnes qui sont capables d'actionner au possessoire le sont aussi pour y défendre, et cela a d'autant plus de raison d'être, qu'en droit français, toutes les actions possessoires sont doubles, et dès lors le demandeur peut y être considéré comme défendeur et réciproquement; chacun, en effet, prétend être possesseur, et accuse son adversaire de l'avoir troublé. En droit romain, le caractère de duplicité ne se trouve que dans les interdits *retinendæ possessionis;* les interdits *recuperandæ possessionis* étaient simples, parce que le demandeur qui avait avec la détention perdu sa possession, ne pouvait plus invoquer le titre de possesseur, et devait se borner à conclure au rétablissement dans sa possession d'autrefois.

[1] Zachariæ, § 188, note 3. Voir cependant : Bélime, nos 312, 313 et 314.

Nous passons donc sans plus de détails à l'examen des causes qui permettent de considérer une personne comme défenderesse à l'action possessoire.

Comme c'est le trouble qui est la cause génératrice de cette action, il faut dire en général que c'est la personne qui l'a commis ou fait commettre qui en est responsable et qui est susceptible d'être attaquée à l'effet d'en fournir réparation.

Nous savons d'ailleurs que l'auteur du trouble exciperait en vain de sa qualité de propriétaire, qui ne peut être d'aucun secours dans une instance purement possessoire; la possession légale doit ici l'emporter sur la propriété; la présomption doit prévaloir provisoirement sur la réalité [1].

Les héritiers et successeurs universels de l'auteur du trouble représentant la personne de ce dernier, et comme tels, tenus de toutes ses obligations, sont également passibles de l'action possessoire, sans qu'il y ait à distinguer entre la complainte proprement dite et la réintégrande.

Il ne faut faire cette distinction que pour ce qui concerne les successeurs particuliers, qui, n'étant pas tenus des obligations de leur auteur, n'ont à répondre que de leur fait personnel. L'on ne pourra donc pas agir contre eux pour simple trouble; mais nul doute qu'en cas de dépossession, l'on ne puisse demander contre eux, de même que contre tout tiers détenteur, la restitution de l'objet enlevé.

Le droit romain n'admettait pas une aussi grande extension de l'interdit *unde vi*, qui ne pouvait être exercé

[1] Voir Pothier, *Possession*, n°s 101 et 123.

contre les tiers même de mauvaise foi. « *Cum a te vi dejectus sim*, disait le jurisconsulte Paul, *si Titius eamdem rem possidere cœperit, non possum cum alio quam tecum interdicto experiri* [1]. » Nous avons vu le droit canonique commencer à étendre la force de l'interdit *unde vi* en permettant de l'appliquer au détenteur de mauvaise foi seulement. Enfin le droit français a été plus loin encore, et il est généralement admis aujourd'hui que la réintégrande peut atteindre le détenteur de bonne ou de mauvaise foi [2]. S'il y a divergence entre les auteurs, ce n'est plus guère que sur le motif de cette extension. Suivant MM. Troplong [3] et Crémieu [4], elle n'est que le résultat du caractère qu'a revêtu l'action possessoire, qui de personnelle qu'elle était en droit romain, est devenue réelle sous notre législation. Nous avons déjà rejeté la possibilité d'un pareil changement. Selon nous, l'action possessoire est toujours personnelle, et si elle peut réagir contre les tiers détenteurs, c'est que ceux-ci, par le fait même de leur détention, continuent le trouble fait au possesseur légal, propriétaire présumé; c'est que, s'ils refusent de faire la restitution à laquelle celui-ci a droit, ils élèvent par là-même une contestation sur sa possession, et cela suffit dès lors pour les poursuivre au possessoire.

Dût-on même repousser cette dernière explication, ce ne serait pas encore une raison de refuser au possesseur le droit d'agir contre les tiers détenteurs. En effet, aux yeux du législateur français, le possesseur est

[1] D., 43, 16, l. 7.
[2] Voir Zachariæ, § 190, note 1; Crémieu, n° 392, et les autorités qu'il cite.
[3] N° 238.
[4] N° 392.

présumé propriétaire ; il est donc manifestement équitable de l'autoriser à reprendre, en quelques mains qu'elle se trouve, la chose dont il a été dépossédé. Qu'importent dès lors les déductions de la théorie? Elles doivent certainement céder devant les besoins de la pratique, et il faut savoir s'écarter quelquefois des rigoureuses conséquences d'un principe, lorsque les nécessités de l'application le réclament. C'est ainsi qu'Innocent III sut, par la décrétale que nous avons citée, faire une louable dérogation aux règles du droit romain : « *Non obstante juris civilis rigore* », dit-il lui-même.

CHAPITRE IX.

DE LA PROCÉDURE DES ACTIONS POSSESSOIRES.

A Rome et dans notre ancienne jurisprudence, l'action possessoire était portée devant le même juge que l'action pétitoire. Il n'en est plus de même en France depuis le décret du 16-24 août 1790, qui, en établissant la juridiction des juges de paix, y attribua la connaissance des actions possessoires. Cette disposition a été renouvelée par l'art. 3, n° 2, du Code de procédure civile et par l'art. 6, 1°, de la loi du 25 mai 1838. Les résultats pratiques de cette innovation ont assez prouvé combien il faut se féliciter de la voir maintenue dans nos lois, et combien l'organisation actuelle est préférable à l'ancienne.

Le juge de paix compétent en matière d'actions possessoires est celui de la situation de l'objet litigieux (C. de proc., art. 3, n° 2). La raison indiquait ce choix : c'est le magistrat désigné par la loi qui, mieux que tout autre, pourra rendre la décision avec la célérité désirable; la proximité des lieux, qui, la plupart du temps, devront être visités, est une condition très-avantageuse pour la connaissance de ces débats.

Toutefois, rien n'empêche d'accorder aux parties le bénéfice de l'art. 7 du Code de procédure, qui leur donne le droit de choisir tel juge de paix qui leur conviendra, encore qu'il ne fût pas leur juge naturel.

Mais la convention des parties ne pourrait aller jusqu'à investir un tribunal d'arrondissement du pouvoir de juger le possessoire; il y aurait là une incompétence *ratione materiæ* qui pourrait être proposée jusqu'en cassation[1].

La procédure des actions possessoires est en général la même que celle des autres actions portées devant le juge de paix. Cependant il est quelques dispositions spéciales à la matière qui font l'objet des art. 24 à 27 du Code de procédure, et portent d'une part sur les preuves à faire et de l'autre sur les rapports du pétitoire et du possessoire.

Nous y consacrerons les deux sections suivantes.

SECTION PREMIÈRE.

De la preuve.

La preuve à fournir au possessoire doit porter sur les deux conditions exigées pour l'exercice de l'action, c'est-à-dire le trouble et la possession légale.

Quant au trouble, la plupart du temps, il n'aura pas à être prouvé, et le défendeur s'en reconnaîtra généralement l'auteur, en s'attribuant le droit de l'avoir commis: *feci, sed jure feci*, dira-t-il. Ce système de défense

[1] Rennes, 25 mars 1820, Chefontaine; Cass., 16 mars 1841, Mulot.

donnera immédiatement au débat son véritable caractère, fondé sur la contestation de la possession. Cependant l'on pourrait supposer tel cas où le défendeur, tout en se disant possesseur, nierait le fait du trouble; il y aurait alors lieu d'en faire la preuve, et d'ouvrir une enquête à cet effet, si le juge n'était d'ailleurs suffisamment éclairé.

Mais c'est le plus souvent sur la possession que rouleront les débats, et il sera loisible au juge d'employer toutes espèces de moyens pour arriver à se former une conviction : enquêtes, titres, présomptions, aveu, serment.

L'art. 24 dispose que l'enquête ne pourra porter sur le fond du droit; le trouble a-t-il eu lieu, la possession a-t-elle les caractères requis par la loi, tels son les points auxquels doivent se borner les investigations du juge, car il lui est sévèrement interdit de s'occuper de la propriété. Si donc les témoins, comme cela arrivera dans bien des cas, dépassant la limite qui leur est tracée, venaient à énoncer des faits qui tendraient à amener une décision sur le fond du droit, le juge ne devrait y avoir aucun égard.

En parlant de titres, nous avons voulu désigner ceux qui pourraient servir à établir la possession, tels que quittances, baux, marchés. Cependant nous avons déjà vu, en traitant des servitudes discontinues, que le juge de paix peut être appelé à consulter des titres qui portent sur le fond du droit. En ce faisant, ne viole-t-il pas la défense qui lui est faite par l'art. 24 du Code de procédure? c'est un point sur lequel nous reviendrons à la section suivante.

— Ici se présente une grave difficulté. Malgré tous

les moyens de preuve employés par le juge, il pourra arriver qu'il se trouve dans l'impossibilité absolue de déterminer celle des deux parties à laquelle appartient la possession; ou bien il pourra reconnaître que les deux adversaires ont également possédé depuis plus d'un an et avec toutes les conditions requises par la loi. Comment alors sortir de cette situation perplexe?

Cette question fort embarrassante divise depuis longtemps les auteurs. M. Bélime[1] cite un passage de Fachinæus qui résume ainsi qu'il suit la controverse existant déjà de son temps entre les jurisconsultes : *Alii dixerunt pronuntiandum*, uti possidetis ita possideatis ; *alii, divisione factâ in æquales partes, controversiam dirimendam esse; alii possessionem apud sequestrum collocandam, ne partes veniant ad arma. Alii pronuntiandum a judice, rem non liquere; alii reum absolvendum; alii judicem cui maluerit gratificari posse; alii consulendum principem.* »

Telles étaient les hésitations de l'ancienne jurisprudence pour cette hypothèse embarrassante, mais là ne se bornèrent pas les systèmes proposés par nos anciens auteurs, car il y en eut qui conseillèrent de tirer au sort le nom de celui des plaideurs qui devrait gagner sa cause. Cependant il faut mentionner l'opinion de Bartole sur ce dernier expédient : ce savant jurisconsulte, que Dumoulin appelait le coryphée des interprètes du droit, estimait qu'un semblable moyen, *qui pourrait être admis dans les questions de droit, ne saurait l'être dans les questions de fait!* Enfin, suivant un autre auteur, la sagesse de Salomon suffirait à peine pour se tirer d'une question aussi ardue.

[1] N° 394.

La controverse s'est renouvelée, de nos jours, aussi ardente que par le passé. L'on pourrait presque dire que, pour la solution de cette difficulté, il s'est produit autant de systèmes que d'auteurs; nous n'examinerons que les plus saillants d'entre eux.

Le premier système repose sur la maxime *actore non probante absolvitur reus.* Si le demandeur ne peut établir sa possession exclusive, il devra être débouté de sa prétention. Mais on voit au premier abord le vice de cette solution : c'est que, dans les actions possessoires, chacune des parties est à la fois demanderesse et défenderesse; dès lors, quelle est celle que le juge devra débouter, quelle est celle qu'il devra absoudre? Sans doute l'un des plaideurs a pris l'initiative en engageant l'instance, et doit être primitivement considéré comme demandeur; mais son adversaire, en concluant reconventionnellement à la possession, prend aussi le rôle de demandeur, et continue à le jouer pendant le reste du procès. Le juge ne peut donc pas se borner à statuer sur la demande de l'un, il faut qu'il ait également égard aux prétentions de l'autre; il ne peut dénier la possession à celui-ci que pour l'accorder à celui-là, et ce résultat pourrait souvent être inique, car de ce que l'un des adversaires ne puisse établir sa possession, il ne s'ensuit pas que l'autre y ait nécessairement droit.

La jurisprudence a été, dans cette question, aussi indécise que la doctrine; elle a successivement admis les divers systèmes proposés par celle-ci; ainsi la Cour de cassation a sanctionné celui que nous venons d'exposer, par deux arrêts de la section des requêtes, l'un du 9 juillet 1823 (Duval), dans les motifs duquel on lit ce qui suit : « Attendu... que Hue et sa femme étant défendeurs et non demandeurs, il leur suffirait d'écarter la possession alléguée par la Commune, pour que l'action intentée contre eux pût être rejetée»; l'autre arrêt, du 23 juillet 1834 (Comm. de Viller-sur-Aulchy), s'appuie sur des considérations analogues.

Tout au plus pourrait-on admettre l'application de la règle *actore non probante absolvitur reus*, dans le cas où l'un des plaideurs réclamerait la possession d'une servitude contre le possesseur du fonds, qui, de son côté, en réclamerait la franchise. Alors la présomption de franchise militerait en faveur de l'héritage, et dès lors il semble que le demandeur pourrait être débouté faute de prouver la possession de la servitude[1].

Deuxième système : Le juge qui est embarrassé sur la possession doit examiner les titres de propriété, et maintenir en possession celui dont la propriété lui paraît le mieux établie. C'est ce que propose M. Henrion de Pansey[2], qui invoque Dunod et le président Faber à l'appui de cette opinion. Mais, si l'on a pu conseiller cette manière d'agir sous l'ancienne jurisprudence, on ne comprend pas qu'on ait pu le faire de nos jours, alors que le législateur moderne a établi entre la propriété et la possession une ligne de démarcation qu'il est si formellement défendu au juge de franchir. L'on oublie donc que le juge du possessoire est absolument inhabile à s'occuper de propriété. Sans doute, dans des circonstances exceptionnelles, nous l'autoriserons à examiner les titres de propriété, mais seulement pour *éclairer le possessoire*, et non pour lui faire découvrir le véritable propriétaire, ce qui est tout différent. Le

[1] V. Bélime, nº 395.
[2] Chap. 51.

juge de paix peut dire: L'examen des titres m'a donné la conviction que c'est telle partie qui a la *possession;* mais il ne pourrait dire : La possession étant douteuse, je l'adjugerai à celui qui, d'après les titres, me paraîtra avoir la *propriété.* Ce système est en opposition ouverte avec la loi.

D'après ce qui précède, le jugement suivant du tribunal de Montélimart devait être impitoyablement cassé : « Considérant que dans tout procès au possessoire, lorsque les parties font également preuve de possession, comme elle ne peut cependant rester incertaine et qu'elle doit nécessairement être attribuée à l'une d'elles, dans le doute, les juges, sans violer le principe qui prohibe de cumuler le possessoire et le pétitoire, doivent prendre en considération les titres représentés par les parties, pour attribuer la possession *à celle des deux qui a le mieux justifié de la propriété;»* mais le pourvoi a été rejeté par arrêt de la chambre des requêtes du 19 juillet 1830[1].

— Un troisième système consiste à accorder aux parties ce que l'on appelait autrefois la *récréance.* Laissons Pothier exposer les caractères de cette institution[2] : « Quelquefois le juge accorde la récréance à l'une des parties, c'est-à-dire une possession provisionnelle pendant le procès au pétitoire. Cette récréance n'a d'autre effet que de donner à la partie à qui elle a été accordée, le droit de jouir de l'héritage contentieux, pendant le procès au pétitoire, à la charge d'en rendre compte à l'autre partie, dans le cas auquel cette partie obtiendrait gain de cause au pétitoire; mais cette ré-

[1] Dans le même sens: Req., 13 nov. 1839, Collin.
[2] *Possession*, n° 105.

créance n'a pas l'effet qu'a la sentence de pleine maintenue, de déclarer possesseur celui qui l'a obtenue, et de le faire présumer propriétaire, sans qu'il ait besoin de prouver son droit de propriété, tant que l'autre partie n'aura pas pleinement justifié le sien. Au contraire, la sentence de simple récréance laisse la possession *in incerto*, et ne déclare point possesseur celui qui l'a obtenue; elle ne le dispense pas par conséquent d'établir, sur l'instance au pétitoire, le droit de propriété qu'il prétend avoir de l'héritage contentieux. »

L'on a soutenu que la récréance venait du droit romain; mais cette opinion n'a pu s'appuyer que sur des analogies[1]. Quoi qu'il en soit, il en est question à une époque très-reculée; Beaumanoir[2] et Bouteiller en font mention, mais sans détails. Plus tard, d'autres auteurs en déterminent nettement le caractère. La récréance était autrefois avec le séquestre une première phase de la complainte. Le juge, avant de statuer définitivement au possessoire, remettait la possession intérimaire de la chose soit à l'une des parties (récréance), soit à un tiers (séquestre). Il y avait donc deux instances distinctes, pouvant donner lieu chacune à une enquête séparée; de là sans doute des longueurs et des abus, auxquels l'ordonnance de Villers-Cotterets, rendue par François Ier, en août 1539, voulut mettre un terme: « Art. 59. Nous défendons à tous nos juges de faire deux instances séparées sur la récréance et maintenue des matières possessoires; ains voulons être conduicts par un seul procez et moyen, comme il est contenu ès anciennes ordonnances de nos prédécesseurs, sur ce faictes. »

[1] Voir Savigny, § 51.
[2] Cout. de Beauvoisis, c. 53.

Depuis lors, la récréance changea de face et devint peu à peu telle que Pothier nous la dépeint, une jouissance accordée provisoirement pendant le procès au pétitoire, non au véritable possesseur, mais à celui des deux adversaires qui inspirait le plus de confiance; elle dessaisissait le juge de la question de possession pour ne plus lui laisser que le pétitoire à examiner[1].

Telle est à peu près l'institution que MM. Henrion de Pansey[2] et Troplong[3] voudraient faire revivre et que la Cour de cassation a admise dans son arrêt du 14 novembre 1832. (Req. Melissent.)

Mais nous objecterons à ce système, qu'il n'est plus nullement question de la récréance dans nos Codes, et que l'art. 1041 du Code de procédure, qui a aboli tous les anciens usages, serait indubitablement violé par l'emploi d'une mesure fondée uniquement sur une législation abrogée.

D'autre part, la récréance constitue un véritable déni de justice, puisque le juge qui en fait usage refuse de se prononcer sur la possession et renvoie les parties au pétitoire, en se contentant de prendre des mesures provisoires[4].

Cette dernière observation s'applique également à deux autres systèmes que nous repoussons pour ce motif et qui consistent, en cas d'incertitude sur la possession, à renvoyer les parties à se pourvoir au pétitoire,

[1] Voir pour plus de détails sur la récréance, Parieu, p. 150 et sv.

[2] Chap. 48.

[3] Nos 329 et 330.

[4] Garnier, p. 74; Crémieu, n° 461; M. Bélime, n° 399, conclut aussi à l'inadmissibilité de la récréance, mais il se fonde sur des motifs différents des nôtres, et notamment sur ce que la récréance proposée aujourd'hui est toute différente de la récréance de l'ancienne jurisprudence. Voir dans Crémieu, *loc. cit.*, la réfutation de cette opinion.

soit purement et simplement[1], soit en ordonnant le séquestre de l'objet litigieux[2].

— Au milieu de tant d'opinions, quel parti prendrons-nous? Cette décision est embarrassante et avant de la formuler, on ne peut s'empêcher de gémir sur le silence absolu de la loi dans une question aussi importante. Est-il un spectacle plus affligeant que celui des vacillations de la jurisprudence, que nous avons vu consacrer successivement tous les systèmes émis par la doctrine? Un mot du législateur eût prévenu toutes ces incertitudes. Mais, dans l'état des choses, voici le parti que nous croyons devoir admettre. Il faudra d'abord soigneusement distinguer (ce qu'on ne fait pas toujours), entre le cas où aucune des parties ne peut justifier de sa possession et celui où les faits de possession se balancent de part et d'autre et établissent une présomption égale en faveur des deux plaideurs.

Dans la première hypothèse, les deux parties devront être renvoyées purement et simplement; ce n'est pas là un déni de justice, c'est une décision négative; le juge déclare qu'aucun des rivaux n'a la possession, et dès lors sur quelle base asseoirait-il la maintenue de l'un d'eux?

Dans la deuxième hypothèse, il faudra examiner en premier lieu si les deux prétentions rivales ne sont pas susceptibles d'exister simultanément; souvent les deux plaideurs croient avoir acquis chacun la possession d'un fonds, tandis que les faits de possession ayant réellement porté sur des choses différentes, il s'ensuit que

[1] Req., 5 août 1812, Locatelli; Req., 17 mars 1819, Jacob; Req., 28 mars 1822, Apothicaire.

[2] Req., 31 juillet 1838, Levivier.

l'un des deux a acquis le fonds, et l'autre, par exemple, un droit réel, une servitude, un droit d'usage sur le même fonds. Dans ce cas, point d'inconvénient à maintenir le *statu quo.*

Mais supposons le cas où la possession s'est bien réellement produite des deux côtés sur le même objet envisagé dans son entier et de la même manière : sans doute, ce cas sera fort rare, car il est difficile d'imaginer deux situations absolument semblables, cependant il pourrait se présenter, et alors il faudrait nécessairement maintenir les deux parties en possession du tout, mais par indivis. On objecte que cette solution laisse les plaidants dans le même état de contestation qu'avant le procès, qu'un pareil jugement ne tranche pas la discussion, ne met pas fin aux querelles, etc. Mais, cependant, il y a une solution; chacun pensait posséder le tout, le juge a déclaré cette prétention exorbitante et désormais chacun n'aura que sa part indivise. Au surplus, les mêmes inconvénients ne se présenteraient-ils pas si les parties étaient maintenues par indivis au pétitoire, ce qui peut arriver? La possession n'étant qu'une présomption de propriété, s'il peut y avoir des copropriétaires, il peut également y avoir des copossesseurs[1].

SECTION II.

Des rapports du possessoire et du pétitoire.

Séparation complète des deux actions possessoire et pétitoire; antériorité de la première sur la deuxième ;

[1] Voir dans ce sens : Bélime, nº 401 ; Dalloz, vº *Act. poss.*, nº 690 ; Req., 28 avril 1813, Dumoulin; Rej., 8 déc. 1824, Athénas; Rej., 9 août 1836, Brun Cass., 23 nov. 1836, Carmichael.

défense absolue de les cumuler; tels sont les principes qui régissent la matière, principes dont nous avons à rechercher l'origine, la portée et les divers cas d'application.

Quant à leur origine, il ne faut pas la chercher dans le droit romain, qui s'était peu préoccupé des relations qui existent entre la possession et la propriété. *Nil commune habet proprietas cum possessione*, dit Ulpien, qui ajoute aussitôt comme conséquence de cette proposition : *Et ideo non denegatur ei interdictum uti possidetis qui cœpit rem vindicare ; non enim videtur possessioni renuntiasse qui rem vindicavit*[1]. Et Papinien dit dans le même sens: *Eum qui fundum vindicavit ab eo, cum quo interdicto unde vi potuit experiri, pendente judicio nihilominus interdicto recte agere placuit*[2].

Ainsi donc, libre cumul du possessoire et du pétitoire, tel est le système en vigueur à Rome.

La première trace de la distinction des deux actions, nous la trouvons dans le droit canonique, qui dispense le spolié de répondre à toute action pétitoire avant d'avoir été remis en possession, par la raison que le propriétaire n'a pas le droit de porter atteinte au possesseur régulier: *spoliatus ante omnia restituendus.* C'est pour tirer une conséquence de cette règle que Grégoire IX rendait en 1232 une décrétale intitulée: *Adversus restitutionem petentem, non est audiendus reus de proprietate opponens, nisi actore consentiente*[3].

Le droit français, en accueillant le principe de la législation canonique, l'étendit encore et lui donna une

[1] D., 41, 2, l. 12, § 1.
[2] D., 43, 16, l. 18, § 1.
[3] Parieu, p. 99 et 100; Troplong, n° 297.

importance plus grande. Le point de vue nouveau admis pour la possession que nos anciens auteurs regardaient déjà comme une présomption de propriété, faisait de la règle du non-cumul, non plus seulement une nécessité d'ordre public, mais encore une conséquence dérivant logiquement de la nature des choses. En effet, la possession dut s'effacer devant la propriété comme la présomption devant la réalité, et une fois le procès engagé au pétitoire, le débat possessoire n'avait plus de raison d'être: il était rationnel que la revendication provisoire précédât la revendication définitive; dès lors, l'antériorité de l'une sur l'autre devait être, non plus seulement comme dans le droit canonique, un bénéfice auquel on pouvait renoncer, mais une règle obligatoire pour tous.

Beaumanoir, dans sa Coutume de Beauvoisis, fait déjà mention de la règle dont nous nous occupons[1]. Toutefois il paraît que l'on obtenait assez fréquemment l'autorisation de joindre l'instance sur le fond du droit à celle de la possession, dont la solution était ainsi indéfiniment retardée. L'art. 72 de l'ordonnance de Montils-lès-Tours, rendue par Charles VII en avril 1453, vint remédier à cet abus: « Avons ordonné et ordonnons que doresenavant ne soient bailliées lettres en noz chancelleries pour conduire le pétitoire et possessoire en matière de nouvelleté ensemble; et si par inadvertance aucunes lettres estaient octroyées au contraire, que les juges n'y obéissent en aucune manière, et voulons que les impétrans d'icelles soient puniz d'amende arbitraire. »

[1] Beaumanoir, c. 32, § 29.

Cet article se retrouve textuellement dans l'art. 1er, chap. 9 de l'ordonnance d'Ys-sur-Thylle (François Ier, octobre 1535); mais celle-ci alla plus loin encore, et l'art. 9 du chap. 9 déclare que « la partie qui sera décheuë du possessoire ne sera receuë à intenter le pétitoire que préalablement elle n'ait payé et satisfait les fruicts et dépens esquels elle aura été condamnée, à cause dudit possessoire, et l'arrest entièrement exécuté, sans toutes fois dissimulation de celui qui l'aura obtenu. »

Ces différentes dispositions furent reproduites depuis, d'abord par l'ordonnance de 1667, puis par les art. 24 et suivants du Code de procédure. Ajoutons que l'attribution des questions possessoires à une juridiction spéciale est venue assurer plus complétement dans la pratique la séparation des deux actions.

— Passons à l'examen des diverses applications des principes énoncés en tête de ce chapitre.

1° Le juge du possessoire ne doit pas connaître de la question de propriété. Cela résulte déjà de sa compétence qui est limitée de telle façon qu'il ne peut connaître que des matières qui lui ont été spécialement attribuées. Cette prohibition rentre dans le genre d'idées prévues par l'art. 24; mais indépendamment de la violation de la compétence, il y aurait cumul du pétitoire et du possessoire si le juge de paix s'occupait de propriété, ce qui est formellement interdit par l'art. 25 du Code de procédure[1]. Cependant la loi ne serait pas violée, si le juge, ne statuant que sur la possession, énonçait dans ses motifs que le demandeur avait non-seulement la possession, mais encore la propriété[2].

[1] Cass., 18 juin 1816, Vasseur; Req., 15 juillet 1829, Malet.

[2] Req., 4 mars 1828, Ugnon; Rej., 31 juillet 1828, Pravaz; Req., 20 mai 1829, Beauffremont.

2° Alors même que le juge ne statue que sur la possession, il ne doit pas appuyer son jugement sur des motifs exclusivement tirés du fond du droit[1]. C'est ici surtout qu'il est difficile de tracer exactement la limite des pouvoirs donnés au juge de paix. Nous avons vu que ce magistrat peut être admis à consulter des titres de propriété, pour *éclairer* la possession et en déterminer les caractères. De nombreux arrêts ont autorisé cette mesure[2] qui peut être nécessaire, par exemple en matière de servitudes discontinues, dont la possession doit être appuyée sur un titre pour pouvoir donner lieu à la complainte[3]; de même, dans l'hypothèse où l'un des plaideurs invoque la jonction de la possession de son auteur à la sienne, il est essentiel que le juge de paix examine le titre d'où doit résulter l'accession. On sent combien l'application de cette théorie est difficile à combiner avec la prohibition du cumul. Ainsi, lorsque le juge de paix est appelé à consulter un titre obscur ou contesté, que doit-il faire? Trois partis se présentent à lui : se déclarer purement et simplement incompétent pour le tout; ou bien, sans se dessaisir de la question possessoire, renvoyer devant le tribunal d'arrondissement les parties qui y feront juger préalablement la validité du titre, et cela fait, reviendront devant le juge de paix; enfin, en troisième lieu, ce magistrat peut apprécier lui-même le titre pour en tirer les conséquences nécessaires au débat possessoire.

De graves objections s'élèvent contre chacun de ces

[1] Cass., 12 avril 1813, Balagny; Req., 20 avril 1824, Brideau; Cass., 8 nov. 1854, Mauté, etc.

[2] Req., 21 déc. 1820, Perez; Bruxelles, 31 déc. 1816, Masson; Req., 9 déc. 1840, Fournier.

[3] V. *Supra*, p. 189.

systêmes, cependant nous pensons que le dernier est celui qui présente le moins d'inconvénients.

Et d'abord, se déclarer incompétent, n'est-ce pas commettre un véritable déni de justice, alors que les conclusions du demandeur sont purement possessoires et dès lors compétemment prises par devant le juge de paix? Nous nous sommes déjà élevé plusieurs fois contre cette manière commode de sortir d'embarras, en tenant implicitement aux parties ce langage critiqué à juste titre par M. Bélime[1]. « La justice ne sait lequel d'entre vous a droit; elle s'abstient donc de juger, de peur de se tromper. Le juge du pétitoire tâchera d'être plus heureux.... » De plus, une décision sur la possession est indispensable avant le débat au pétitoire, pour fixer le rôle des parties et déterminer celle qui occupera le poste avantageux de défendeur. Or, cette décision, qui la prendra, si le juge de paix refuse de le faire? Le tribunal d'arrondissement est aussi incompétent pour une question de possession que le juge de paix pour une question de propriété.

Pour échapper à ces inconvénients, il semble que l'on est tout naturellement mené à embrasser le deuxième système, qui consiste à faire vider l'incident seul par le tribunal d'arrondissement, sauf aux adversaires à revenir, si bon leur semble, devant le juge de paix pour y voir décider sur la possession.[2] Mais ici d'autres difficultés se présentent. Une fois la question préjudicielle tranchée, que restera-t-il à faire au juge de paix? Rien ou presque rien. La question de la possession aura été

[1] N° 398.

[2] En ce sens: Bélime, n° 450 et sv; Req., 17 mars 1819, Jacob; Req., 3 février 1840, Courieux.

préjugée par le juge du pétitoire, la contestation primitive sera pour ainsi terminée, l'on aura interverti la marche naturelle et normale indiquée par le législateur, et contrevenu à la loi de l'antériorité du possessoire sur le pétitoire.

Il est de plus un grave reproche que l'on peut faire aux deux systèmes qui viennent d'être exposés : c'est qu'ils auront pour résultat nécessaire de retarder indéfiniment la décision à intervenir sur le débat possessoire. Or, cela est directement contraire à l'intention du législateur, qui a voulu que les contestations de cette nature fussent vidées avec la plus grande célérité. La nécessité de maintenir l'ordre, l'harmonie, de prévenir les querelles, de mettre un terme à l'incertitude sur la jouissance, exige une prompte solution en pareille matière.

Ce sont surtout ces dernières considérations qui nous ont décidé à donner notre adhésion à l'opinion qui permet au juge de paix d'apprécier lui-même le titre, pour en tirer les déductions qui lui sont nécessaires. Mais on se récrie : « Ce magistrat, dit-on, est radicalement incompétent pour connaître d'un titre de propriété immobilière...., et personne autre que le tribunal civil ne peut statuer sur ce point[1]. » Sans doute, le tribunal civil est seul compétent pour prononcer définitivement sur la validité du titre, pour l'apprécier au point de vue de la propriété, mais ce n'est pas de cela qu'il s'agit ici, le juge de paix se contentera de tirer de l'examen de ce titre des inductions pour le besoin de la cause, et sa décision au sujet de ce titre ne préjugera en rien celle qui pourrait intervenir ultérieurement pour toute autre objet. Alors, dit M. Henrion de Pansey, quoique pour

[1] Bélime, nº 448.

une autre circonstance, « ce n'est pas un titre qu'il applique, c'est un indicateur qu'il consulte. Ce n'est pas le pétitoire qu'il juge, c'est le possessoire qu'il éclaire. Il ne contrevient donc pas à la loi qui défend de cumuler le pétitoire et le possessoire. »

Cependant nous ne voulons pas que le juge de paix, comme le craint M. Bélime[1], ne prenne du titre qu'une connaissance sommaire, incomplète, inexacte, de nature à ne produire qu'une demi-conviction. Nullement; autant que tout autre nous sentons l'importance du débat possessoire, et nous pensons en conséquence que le magistrat chargé de le vider, devra mettre ses soins et sa peine à examiner le titre qui doit l'éclairer. Il est difficile de croire qu'il ne puisse arriver à se former ainsi une conviction suffisante pour terminer en connaissance de cause le différend qui lui est soumis. La plupart du temps la contestation du titre ne sera qu'une chicane faite dans le dessein de retarder la marche de l'instance : qu'arriverait-il si le juge de paix devait toujours renvoyer au tribunal civil en pareille circonstance ? Les procès possessoires s'éterniseraient, et il en résulterait de bien plus graves inconvénients que ceux que veulent éviter nos adversaires[2].

Quoique nous ayons cité deux arrêts rendus en faveur du deuxième système, celui que nous avons exposé en dernier lieu paraît être définitivement adopté par la Cour de cassation. Voici comment s'exprimait la section civile de cette cour, le 6 juillet 1812 (Herblin) : « ... Considérant que, si le juge de paix, chargé uniquement de statuer sur la possession, ne peut pas juger

[1] N° 448.
[2] En ce sens : Crémieu, n° 470; Dalloz, *Rép.*, v° *Act. poss.*, n° 767.

définitivement sur la validité du titre, il peut néanmoins en ordonner provisoirement l'exécution sous le rapport de la possession, s'en servir pour juger du caractère de la possession, et accorder la jouissance provisoire à celui qui a une possession annale, accompagnée d'un titre, sous la réserve du droit des parties au fond; — Considérant que cet effet du titre ne peut être détruit par la seule contestation sur sa validité, et qu'il appartient au juge de paix de juger le mérite de cette contestation, quant au fait de la possession, etc.[1] »

Nous passons à une autre application de la règle du non-cumul.

3° Le possessoire et le pétitoire ne peuvent être menés de front, même devant des tribunaux différents et respectivement compétents. Tels sont véritablement le sens et la portée de l'art. 25 du Code de procédure. Car les deux dispositions que nous avons déduites jusqu'ici de la règle posée par cet article, résultaient déjà suffisamment de l'art. 24, et de la compétence attribuée au juge de paix. Mais la prohibition que nous examinons maintenant n'a d'autre but que de défendre le cumul. Avant que le juge puisse examiner la question de propriété, il faut que la possession soit adjugée, que celui qui a été dépossédé soit remis en jouissance. *Spoliatus ante omnia restituendus.* Ce n'est donc qu'après la décision du juge de paix, ou bien après la reconnaissance faite par l'un

[1] Dans le même sens : Cass., 17 mai 1820, Jourdan; Req., 7 janv. 1829., Lombard; Cass., 24 juillet 1839, Dadé; Req., 23 nov. 1841, Com. de Miroir; Req., 16 janv. 1843, De la Ronde; Req., 4 déc. 1843, Marsilly; Req., 16 févr. 1837, Tenanciers de Cabestang; Req., 8 mai 1838. Clément; Req., 25 févr. 1840, Beaussier; Req., 24 févr. 1841, Lambilly; Req., 2 févr. 1842, Com. de Lacroix; Req., 9 juillet 1844, Fourmentin; Cass., 17 juillet 1844, Parisot; Cass., 6 déc. 1853, Massabiau.

des plaideurs de la possession de son adversaire, que le tribunal d'arrondissement pourra être saisi de la question du pétitoire[1].

Nous n'avons pas à revenir sur les explications déjà maintes fois données des nécessités d'ordre public qui servent de base aux dispositions que nous venons d'exposer.

4° Le défendeur au possessoire ne pourra se pourvoir au pétitoire qu'après que l'instance sur la possession aura été terminée (C. Nap., art. 27). C'est encore une conséquence directe des idées qui ont été développées sous le n° 3. Exposons le cas dont il s'agit : Inquiété dans la possession d'un immeuble, j'assigne au possessoire l'auteur du trouble; celui-ci, sans tenir compte de mon assignation, ou bien l'instance possessoire étant encore pendante, m'intente une action en revendication de l'immeuble dans la possession duquel il est venu me troubler. Cette action pétitoire est-elle recevable? Non, pas avant que l'instance sur le possessoire ne soit terminée, car il y aurait cumul, et l'art. 27 du Code de procédure s'y oppose. La loi punit l'auteur du trouble en lui refusant toute audience au pétitoire jusqu'à ce que son adversaire soit complétement désintéressé. L'assignation donnée dans ces circonstances par le défendeur, sans être frappée de nullité, serait valablement repoussée par une exception dilatoire (C. de pr., arg. art 1030)[2].

Quant au demandeur, nul doute qu'il ne puisse abandonner à son gré le débat possessoire pour plaider au pétitoire. La situation est toute différente : en agissant

[1] Boitard, II, n° 127; Crémieu, n° 426.
[2] Bélime, n° 475; Cass., 15 avril 1833.

ainsi, le demandeur termine la contestation sur la possession et reconnaît implicitement qu'elle appartient à son adversaire [1].

5° Non-seulement il faut que l'instance possessoire soit terminée avant que le défendeur puisse agir au pétitoire, mais l'art. 27 va plus loin encore, en ordonnant que le défendeur au possessoire [2] ne pourra, «s'il a succombé, se pourvoir qu'après qu'il aura pleinement satisfait aux condamnations portées contre lui.» Cette disposition est tout à fait anormale et exorbitante, et prouve jusqu'où la loi pousse la rigueur et la sévérité contre la possession injuste : il faut que les dernières conséquences du trouble soient effacées avant que le possesseur légal puisse être actionné en revendication. L'ordonnance de 1667 n'était pas allée aussi loin, et sous son empire, le succombant pouvait poursuivre le pétitoire en donnant caution de payer le tout après taxe et liquidation.

Cependant l'art. 27 prévoit ce que sa rigueur pourrait avoir d'injuste : « Si, néanmoins, la partie qui les a obtenues était en retard de les faire liquider, le juge du pétitoire pourra fixer, pour cette liquidation, un délai, après lequel l'action au pétitoire sera reçue. »

L'on ne pouvait laisser au vainqueur au possessoire le moyen de paralyser indéfiniment la revendication en retardant à dessein la liquidation des sommes dues par

[1] Bourges, 7 déc. 1809.

[2] La loi dit : *défendeur au possessoire*, parce qu'elle suppose qu'il a succombé ; il est évident que, si c'était le demandeur qui avait perdu son procès, la disposition dont il est question au texte lui serait applicable : il n'y a aucune raison de distinguer entre les deux parties. Voir Bourges, 22 janvier 1839, Gilles.

le perdant. De là la disposition finale de l'art. 27, qui ne demande pas d'autre explication.

6° Voyons maintenant une prohibition qui s'adresse au demandeur. Le demandeur au pétitoire, dit l'art. 26 du Code de procédure, ne sera plus recevable à agir au possessoire.

Celui qui, troublé dans sa jouissance, a imprudemment choisi, pour se faire maintenir ou réintégrer, la voie du pétitoire, au lieu de celle du possessoire, qui offrait une marche plus simple et plus aisée; ou bien celui qui, ayant d'abord choisi le possessoire, l'a abandonné pour recourir au pétitoire, n'est plus admis à revenir sur son choix: *electa una via, non datur regressus ad alteram*. Pourquoi cela? Parce que sa manière d'agir a prouvé qu'il reconnaissait la possession de son adversaire, et qu'il croyait devoir renoncer lui-même au rôle avantageux de défendeur à la revendication, pour prendre le rôle d'agresseur et s'imposer le fardeau de la preuve.

Nous ne voyons aucune raison de statuer différemment, si le demandeur au pétitoire a essuyé un nouveau trouble de la part du défendeur depuis l'introduction de l'instance, et nous pensons que, même dans ce cas, il ne pourrait pas agir en complainte contre ce dernier. En effet, que prouve ce nouveau trouble? Ébranle-t-il la présomption de renonciation à la possession qui résulte pour le demandeur du choix de la voie pétitoire? Nullement, il semble, au contraire, établir que le défendeur a plus de raisons de se croire véritable possesseur, puisqu'il continue à se gérer résolument comme tel[1].

[1] En sens contraire: Req., 7 août 1817, Demeaux; Req., 30 mars 1830, Sauteyra; Req., 24 juillet 1837, Rivière; Cass., 17 avril 1837, Hermel; Curasson, p. 303; Garnier, p. 345.

Dans ce cas, rien n'empêche le juge du pétitoire de prendre, s'il y a lieu, dans le cours de l'instance liée devant lui, des mesures provisoires au sujet de la possession, et, par exemple, d'ordonner le séquestre de l'immeuble litigieux, comme l'art. 1961 du Code Napoléon l'y autorise.

La règle de l'art. 26 du Code de procédure est-elle si absolue qu'elle ne puisse fléchir lorsque le demandeur au pétitoire s'est désisté avant l'acquiescement de son adversaire ou la prononciation d'un jugement? Ne pourra-t-il dans cet état de choses retourner au possessoire? Nous ne le pensons pas. Sa première démarche a été une reconnaissance, un aveu de la possession de l'autre partie, ou du moins elle peut être considérée comme telle; or, les aveux ne se rétractent pas et la règle de l'art. 26 est générale [1].

Mais nous déciderons le contraire pour le cas où il n'y aurait eu encore que citation en conciliation avant l'action pétitoire; ce n'est là qu'un acte préliminaire qui laisse les droits des parties entiers [2].

Jusqu'ici nous n'avons parlé que du demandeur, mais ce que nous en avons dit doit-il aussi s'appliquer au défendeur au pétitoire, qui a souffert de la part de son adversaire un trouble antérieur ou postérieur à la demande en revendication? Faut-il lui appliquer la prohibition de l'art. 26, et décider qu'il ne pourra intenter la complainte contre celui qui l'a actionnée au pétitoire? Pour être autorisé à répondre négativement, il suffirait de faire observer tout d'abord que l'article précité ne

[1] Garnier, p. 345; Zachariæ, § 192, note 3; Bélime, n° 502; Crémieu, n° 428; Dalloz, *Rép.*, v° *Act. poss.*, n° 620.

[2] Bélime, n° 502; Crémieu, n° 429; Dalloz, ibid., 623.

parle que du demandeur. *Qui dicit de uno negat de altero.* Mais cette solution repose d'ailleurs sur des raisons très-concluantes. On suppose, dans l'hypothèse en question, que l'auteur du trouble, prenant l'initiative, actionne le possesseur en revendication, avant que celui-ci ait formé sa demande en complainte; ou bien aussi, que le demandeur en revendication vient à troubler son adversaire après l'introduction de son action. Il est clair que dans les deux cas le possesseur troublé pourra agir au possessoire. En vain dira-t-on que son action possessoire est inutile, que son adversaire, en l'actionnant au pétitoire, a suffisamment reconnu sa possession, lui a abandonné la position avantageuse de défendeur: cela peut être fort juste, et à ce point de vue sans doute l'action possessoire ne produira pas d'effets; mais il faut envisager la question sous une autre face; si l'auteur du trouble, demandeur au pétitoire, est détenteur de l'immeuble qu'il a enlevé à son adversaire, devra-t-on le laisser en jouir pendant toute l'instance en revendication, et refuser au possesseur légal les moyens de rentrer dans son bien? Évidemment rien ne serait plus injuste: Il faut donc que la possession, implicitement reconnue en droit, soit aussi maintenue en fait, ce qui ne peut avoir lieu efficacement que par l'action possessoire [1].

Alors le tribunal d'arrondissement saisi du pétitoire statuera-t-il en même temps sur l'incident possessoire, ainsi que le veut M. Henrion de Pansey [2]? Non, évidem-

[1] Henrion de Pansey, c. 53; Zachariæ, § 192, 2°; Bélime, n° 503; Crémieu, n° 432; Boitard, II, 129; Garnier, p. 345; Cass., 8 avril 1823, Lallier; Req., 30 mars 1830, Sauteyra.

[2] Chap. 54.

ment, car il cumulerait le possessoire et le pétitoire; il faut donc décider que ce tribunal devra surseoir, et renvoyer la contestation sur la possession au juge de paix, seul compétent en pareille matière[3].

CHAPITRE X.

DU JUGEMENT SUR L'ACTION POSSESSOIRE ET DE SES EFFETS.

Le jugement rendu sur l'action possessoire ordonne, suivant les cas, la maintenue ou la réintégration dans la possession, la cessation du nouvel œuvre, et même le rétablissement des lieux dans l'état où ils se trouvaient avant le trouble; il statue en outre, s'il y a lieu, sur la restitution des fruits indûment perçus, sur les dommages-intérêts qui peuvent être dus pour réparer le préjudice causé par le trouble, et enfin il condamne le perdant aux frais du procès.

— En cas de réintégrande, l'exécution du jugement de condamnation pourra être poursuivie par la voie de la contrainte par corps (C. Nap., art. 2060); mais la loi n'autorise pas ce moyen rigoureux pour le paiement des dépens.

Il va sans dire que le mot *propriétaire* qui figure dans l'art. 2060 s'y trouve par erreur, et que c'est du possesseur légitime que la loi a voulu parler. Le juge de paix devant ignorer quel est le véritable propriétaire, et ne pouvant connaître que le possesseur, la mesure prescrite par l'art. 2060 ne pourrait être exécutée si ses ter-

[3] Crémieu, nos 433 et 434; Req., 7 août 1817, Demeaux; Cass., 4 août 1819, Gilles; Cass., 28 juin 1825, Guibal; Cass,, 5 août 1845, Hadol.

mes devaient être pris à la lettre. Si l'on a dit *propriétaire*, c'est sans doute parce que le possesseur est censé l'être.

— Le législateur n'a pas eu le soin de déterminer lui-même les effets du jugement rendu au possessoire, mais on les résume d'ordinaire en deux principaux points que nous examinerons successivement: 1° Fixation du rôle des parties dans l'instance pétitoire; 2° attribution de la jouissance provisoire.

I. *Fixation du rôle des parties dans l'instance pétitoire.*

Le vainqueur au possessoire est constitué défendeur à l'action en revendication. Cette position lui donne l'avantage très-considérable de n'avoir rien à prouver, de jouer un rôle purement passif dans le procès, et d'être à l'abri de toute atteinte jusqu'au moment où son adversaire aura établi qu'il est lui-même propriétaire[1].

Le rejet de la preuve sur le demandeur en revendication n'est que le résultat nécessaire de cette maxime: *actori incumbit onus probandi.* D'autre part, le possesseur peut invoquer en sa faveur une présomption de propriété qui subsiste aussi longtemps que le véritable propriétaire n'est pas venu faire preuve de son droit. Cependant il ne faudrait pas s'exagérer la valeur de la présomption de propriété qui milite en faveur du possesseur. Sans doute, les auteurs s'accordent à la considérer comme le point de départ des dispositions du législateur français sur la possession, mais elle n'est d'ailleurs écrite nulle part dans la loi, et dès lors elle ne saurait être considérée comme une présomption légale de la nature de celles dont s'occupe l'art. 1350 du Code Napo-

[1] Pothier, *Traité du droit de propriété*, n° 307.

léon. En conséquence, il ne faut pas hésiter à dire que la présomption résultant de la possession fléchira devant une présomption légale: ainsi, par exemple, le possesseur d'un mur mitoyen serait certainement vaincu au pétitoire par celui qui pourrait invoquer à son profit les dispositions des art. 653 et 670 du Code Napoléon, le titre de propriété de ce dernier se trouvant dans la loi elle-même[1].

Mais la présomption résultant de la possession annale pourra-t-elle être également combattue par de simples présomptions de l'homme, à condition bien entendu de ne pas dépasser les limites dans lesquelles l'art. 1353 du Code Napoléon permet de les invoquer? Nul doute qu'il ne faille répondre affirmativement, sous la réserve indiquée dans la question. La possession ne fait présumer la propriété que jusqu'à preuve du contraire; or, si le magistrat estime que cette preuve contraire est suffisamment faite au moyen de présomptions de l'homme, l'effet de la possession doit tomber par là même[2].

— L'on a été amené à faire une exception à cette règle que le vainqueur au possessoire, devenu défendeur au pétitoire, n'a rien à prouver dans l'instance sur le fond du droit : c'est dans le cas où une personne aurait été maintenue dans la possession d'une servitude; alors la force même des choses l'obligerait à sortir de l'inaction pour établir son droit au pétitoire. D'une part, le propriétaire du fonds peut aussi de son côté invoquer une présomption, celle de la franchise de son héritage qui est de droit commun, et cette présomption peut sans doute contrebalancer quelque peu celle qui résulte de

[1] Bélime, nos 488 et 489.
[2] Req., 31 juillet 1832, Com. de Pressigny; Bélime, nos 490 et 491.

la possession; d'autre part, imposer au propriétaire la preuve de la non-existence de la servitude, ce serait lui demander une impossibilité, les faits négatifs ne pouvant en général être l'objet d'une preuve. Ce serait donc faire une position trop rigoureuse au demandeur à l'action négatoire, si, conformément à la règle ordinaire, on exigeait de lui qu'il prouvât tout contre le possesseur de la servitude.

Mais alors, demandent les adversaires de cette opinion, quel avantage y aura-t-il à être possesseur d'une servitude? Cet avantage sera moins considérable qu'en toute autre matière, cela est vrai, mais il consistera au moins à conférer au possesseur le droit de jouir de la servitude jusqu'à l'issue de l'action pétitoire.

Notre manière de voir a été consacrée par un arrêt de la Cour de Limoges[1], mais la même cour a rendu une décision différente le 20 novembre 1843 (Faure). Il est vrai que dans cette dernière espèce, les circonstances du fait permettaient d'écarter l'une des objections que nous opposions à nos adversaires, ainsi qu'il semble résulter de ce passage des motifs : « .... Attendu que la preuve de Jean Faure ne se circonscrira pas dans un fait négatif; qu'il pourra prouver que Brionaud ou ses prédécesseurs ont passé sur un autre héritage que le sien, ce qui constituera un fait affirmatif.... [2] »

II. *Attribution de la jouissance provisoire.*

« Le possesseur, quel qu'il soit, dit Pothier[3], étant réputé propriétaire de la chose qu'il possède, jusqu'à

[1] 28 juillet 1842. Goudaud. Voir aussi Grenoble, 14 juillet 1832, d'Argoud.

[2] Voir dans notre sens : Curasson, II, p. 312; Bélime, n° 492; Crémieu, n°s 490 et sv.

[3] *Possession*, n° 83.

ce qu'il en soit évincé, doit cependant en percevoir les fruits et jouir de tous les droits attachés à la propriété de la chose, tant honorifiques qu'utiles. »

Il résulte du passage que l'on vient de lire, que le possesseur a droit de se gérer entièrement en propriétaire, puisqu'il est regardé comme tel; nous ne craindrons donc pas de pousser l'application de cette idée jusqu'à ses dernières conséquences, en décidant que le possesseur peut faire non-seulement des actes de jouissance ou d'administration, mais encore toutes espèces d'actes, changer l'état des lieux, démolir des constructions, défricher des forêts, etc. Mais une pareille façon d'agir serait imprudente, car le possesseur, pouvant succomber au pétitoire, ne doit pas s'exposer légèrement au danger d'indemniser le véritable propriétaire. Au surplus, l'on trouve un tempérament à ce pouvoir illimité du possesseur dans l'art. 1961 du Code Napoléon, qui permet à la justice d'ordonner le séquestre d'un immeuble dont la propriété est litigieuse entre deux ou plusieurs personnes. La circonstance que le défendeur a été mis en possession par jugement ne saurait certainement empêcher l'exercice de cette mesure, souvent indispensable[1].

— Quoique le jugement rendu au possessoire attribue la jouissance de la chose, on n'en saurait conclure qu'il donne un droit définitif sur les fruits qu'elle produit, car ils ne peuvent s'acquérir que par la bonne foi (C. Nap., art. 549). Or, celle-ci n'étant pas requise pour l'action possessoire, il s'ensuit que la question de savoir si le possesseur était de bonne foi reste à exami-

[1] Bélime, nos 494 et sv.; Crémieu, no 479.

ner par le juge du pétitoire, et que, suivant qu'il la décidera affirmativement ou négativement, il pourra lui attribuer les fruits ou les lui retirer, sans distinguer s'ils ont été perçus avant ou après le jugement[1].

C'est à tort qu'on voudrait citer contre cette doctrine un arrêt de la Cour de cassation du 5 juillet 1826 (Bartholdy). Si cet arrêt donne au possesseur le gain des fruits, ce n'est pas parce qu'il avait été précédemment maintenu par jugement dans la possession, mais par la raison que sa mauvaise foi alléguée par ses adversaires n'avait pu être établie par eux : cela est entièrement d'accord avec ce que nous avons dit.

— La question de savoir dans quels cas les jugements possessoires sont sujets à l'appel était vivement controversée autrefois ; elle ne peut plus l'être aujourd'hui depuis la loi du 25 mai 1838, qui décide dans son art. 6 que les juges de paix ne connaissent qu'à charge d'appel des actions possessoires. Le législateur, en prenant cette sage mesure, a sans doute été influencé par cette pensée que la possession est d'une valeur indéterminée, et qu'il était par conséquent impossible de fixer, comme pour les autres actions, un taux au-dessus duquel seulement l'appel pourrait avoir lieu.

Le tribunal d'arrondissement, statuant sur appel d'une action possessoire, n'a pas une compétence plus étendue que le juge de paix, et ne peut pas plus s'occuper de propriété que ce dernier[2].

[1] Garnier, p. 400; Curasson, II, p. 317; Bélime, nos 497 et sv.; Crémieu, n° 480.

[2] Cass., 24 févr. 1846, Lesdiguières.

FIN.

PROPOSITIONS.

DROIT ROMAIN.

1. Le *Casus unus* du § 2, Inst., *De actionibus*, est celui dans lequel une personne qui possède, non par elle-même, mais par un autre, revendique sa chose contre celui qui possède pour elle.

2. Le propriétaire, en percevant les fruits de son fonds, acquiert sur eux une propriété nouvelle, distincte de celle qui lui compète sur la chose principale.

3. Il y a antinomie entre le § 4 de la loi 9, Dig. *De Publiciana in rem actione*, et le § 2 de la loi 31, Dig. *De actionibus empti et venditi*. L'opinion exprimée par la première de ces lois est préférable.

4. En règle générale, celui qui a transféré la propriété d'une chose sous une condition résolutoire peut, si la condition vient à se réaliser, revendiquer cette chose contre tout tiers détenteur.

DROIT CIVIL FRANÇAIS.

1. La séparation des patrimoines n'engendre pas de droit de suite.

2. Si le mineur passe seul des actes pour l'accomplissement desquels la loi n'exige aucune formalité, ces actes ne peuvent pas être attaqués par voie de nullité, mais seulement par voie de rescision pour cause de lésion.

3. L'action Publicienne n'existe pas en droit français.

4. Le donataire en avancement d'hoirie qui renonce à la succession pour s'en tenir à son don, ne peut le

retenir que jusqu'à concurrence d'une valeur égale à la quotité disponible.

DROIT CRIMINEL.

1. Le militaire est responsable du crime ou délit qu'il commet par ordre supérieur.

2. Les soustractions prévues par l'art. 380 du Code pénal ne peuvent devenir une circonstance aggravante du meurtre dans le sens de l'art. 304 du même Code.

3. Le complice d'un suicide ne peut être puni, mais celui qui a pris part à l'acte même qui a consommé le suicide doit être considéré comme coupable de meurtre.

DROIT DES GENS.

1. Le droit international existe réellement, bien qu'il n'y ait pas de tribunaux chargés de l'appliquer.

2. Sauf stipulation contraire, le traité n'est, en général, obligatoire qu'après la ratification du souverain; celui-ci est maître de la refuser, encore que le traité ait été conclu par son ordre et dans la limite des pleins pouvoirs qu'il a donnés

3. Le droit des gens moderne ne reconnaît plus l'existence de la *franchise des quartiers* ni du *droit d'asile* des ambassadeurs ; le criminel peut être enlevé de vive force de l'hôtel de l'ambassade si son extradition est refusée.

Vu par le professeur désigné pour présider l'acte public.
Le 22 juillet 1858.

CH. DESTRAIS.

Vu par le soussigné Doyen,
C. AUBRY.

Permis d'imprimer,
Strasbourg, le 23 juillet 1858.
Le Recteur, DELCASSO.

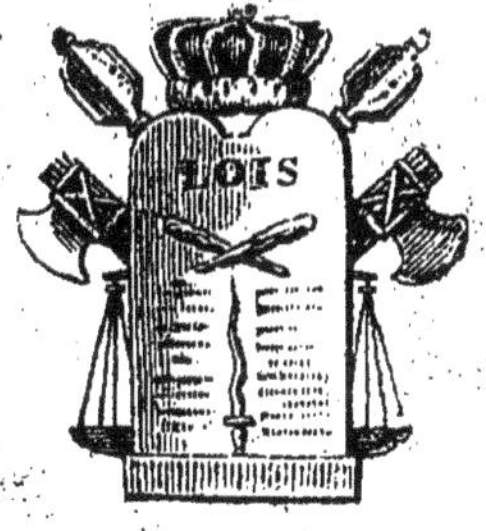
LOIS

www.ingramcontent.com/pod-product-compliance
Ingram Content Group UK Ltd.
Pitfield, Milton Keynes, MK11 3LW, UK
UKHW021059230726
13926UKWH00004B/1935

9 782014 064988